空想英語読本

THE DREAM ENGLISH READER BY MATTHEW FARGO

Matthew Fargo
&
Dream Science Laboratory

Introduction
本書と著者・マットのこと

　意外に思われるかもしれないが、TVや映画でお馴染みの空想科学の世界は、大いなる「言葉の世界」でもある。

　たとえば、仮面ライダーは「バッタの改造人間」だという。番組放映時、この設定は驚くほど浸透し、男のコたちのあいだでは、一種の常識にさえなっていた。だが「バッタの改造人間」とは、具体的にどんな改造をされた人間なのだろう？　冷静に考えると、実はまったくわからない。

　そんなことを気にせず物語に熱中できたのは、「バッタの改造人間」という言葉があったからだ。よくわからないものでも、うまい言葉で括られると、わかったような気にさせられる。空想科学の世界は、"言葉の力"を最大限に使うことによって、われわれを楽しませてくれたのだ。

　しかし、日本を取り巻く状況は、『仮面ライダー』が作られた頃とは大きく違ってきている。国際化は飛躍的に進み、われわれが外国人に接したり、英語を使う機会は、増える一方。取引先のアメリカ人と飲みに行き、お互い子供の頃に好きだったTV番組の話にならないとも限らない。そうなったとき、われわれは「バッタの改造人間」を英語でうまく説明できるだろうか――？

　などと書くと堅苦しくなるが、実際はもちろん興味本位で立てた企画である。
　たとえば、ウルトラマンの「八つ裂き光輪」や矢吹丈の「両手ぶらり戦法」など、お馴染みの言葉のはずなのに、英語でどう言うのかとなると、たちまち頭を抱え込んでしまうではないか。「インファント島」や「スペシウム光線」など、語源が何か知りたい言葉も数多い。また、最近は原題をそのままカタカナ表記した洋画タイトルが多いが、それらを無理に和訳したらいったいどうなるのか……。いざ制作に取り掛かってみると、空想科学世界の言葉たちは、予想以上に魅力に溢れていた。具体的な魅力は、どうぞ内容を読んで確かめていただきたい。

　基本的には、楽しんでもらえればそれで充分な本ではあるけれど、言葉に関する解説には、結構真面目に取り組んだ。その結果、案外と実用的な側面も持つ本に仕上がったようにも思う。学生の皆さんは、朝の読書の時間にこれを読んでも、たぶん先生に叱られないだろう（叱られたらごめん）。

ところで、本書は空想科学研究所が企画を立て、マッシュー・ファーゴ（通称・マット）に執筆を依頼したものである。念のために言っておくと、マットは空想科学の世界に精通しているわけではない。この本の執筆を頼んだ時点で、すでに漫画の『ワンピース』にはハマっていたけれど、それ以外の漫画やアニメなどはそんなに知らなかった。

　たとえば、われわれが『宇宙戦艦ヤマト』について説明すると、マットは驚いた顔をしてこう言ったものだ。「昔の戦艦を改造した？　おかしなことをしますね。新しく作ったほうが性能もいいはず」。やはり合理主義のアメリカ人に『ヤマト』の世界観を理解してもらうのは無理なのか……と肩を落としかけたが、翌週に会うと「ガミラスの宇宙駆逐艦はカッコイイね！」などと言っている。自分で勉強し、柔軟に吸収したらしいのだ。マットのそんな勤勉さが、本書の質を大きく高めたのは言うまでもない。

　マットは本書を執筆する過程で数多くの映画を見、たくさんの漫画を読んだが、とはいえ本書で扱ったすべての作品をカバーできたわけではない。なかには空想科学研究所が作品概要を説明して、それを参考にしてマットが書いた原稿があることもお断りしておく。

　また、注釈欄の原稿は、マットが書いたものもあれば、柳田理科雄を含む空想科学研究所のメンバーが執筆したものもある。ゲラの過程でお互いに朱字を入れ合ったため、誰が書いたのかわからなくなった文章も多数ある。注釈もすべてマットが書いたと思って「なんてオタクなアメリカ人なんだ！」と誤解されてしまうのも酷なので、それもここに記しておきたい。

　本書は、できるだけ最新のアメリカ英語を取り入れて制作したつもりだが、間違いや勘違いもあるだろう。言葉は時代や社会と共に変化していくものだから、絶対的な正解が存在するものでもないが、一方でより優れた表現はきちんと追究していかなければならない。ご意見・ご提案などがあったら、ぜひお知らせいただきたい。本書刊行と同時にマットは日本を離れるが、皆様からの意見は必ず本人にも伝えようと思っている。

空想科学研究所

▶ 英文の一部にはカタカナで読みを記したが、これは英語ではなく、米語読みで統一した。

▶ 本文中のイラストは、日米での擬音語や擬態語の違いをテーマにしたものである。お楽しみください。

CONTENTS

空想英語読本 THE DREAM ENGLISH READER

Introduction　本書と著者・マットのこと …………………………2
Profile & Staff ………………………………………………………6

Chapter1 ◆ これを英語で言えますか？ ………7
　Column　「空想科学」はどう英訳すべきか？ ………………30
　カッコイイ言葉①『ベルサイユのばら』………………………32

Chapter2 ◆ 心に残るセリフ ………33

Chapter3 ◆ 漫画のタイトル、どう訳す？ ……39
　Column　面白かった日本の漫画 ……………………………55
　カッコイイ言葉②『サスケ』……………………………………56

Chapter4 ◆ 語源は何だろう？ ………57
　Column　言葉にこだわると得をする？ ………………………72
　カッコイイ言葉③『機動戦士ガンダム』………………………74

Chapter5 ◆ 空想科学の重要構文 ………75
　平和を守るチームの名前 ………………………………………96
　カッコイイ言葉④『銀河鉄道999』……………………………100

Chapter6 ◆ 洋画の題名、無理に訳せば? …101
- Column　この邦題が素晴らしい! …117
- カッコイイ言葉⑤『ウルトラセブン』 …118

Chapter7 ◆ 空想科学的表現 …119
- 相似比　ウルトラマンの体重は適正か? …120
- 自由落下　ライダーキックを実践すると? …121
- 音の速さ　笛で助けを呼ぶなんて…… …122
- 質量保存の法則　ヒーローは、一瞬で巨大化する …123
- 仕事率　ブレストファイヤーの威力 …124
- 振り子の周期　長すぎるハイジのブランコ …125
- 指数関数　巨大化する敵 …126
- 速度と時間　巨大要塞は何階建てなのか? …127

- カッコイイ言葉【番外編】『巨人の星』 …128
- Column　アメリカで流行った空想科学番組とは? …130

Chapter8 ◆ 世界観を説明しよう! …131
- 『仮面ライダー』 …132
- 『巨人の星』 …136
- 『帰ってきたウルトラマン』 …142
- 『銀河鉄道999』 …146

Postscript　語学の世界は、空想の世界 …154
索　引 …156

著者紹介

Matthew Fargo（マッシュー・ファーゴ）

1979年、カリフォルニア州サンフランシスコ生まれ。97年、オレゴン州ウィラメット大学に入学し、2年後に交換留学生として来日する。01年、同大の英米文学部と日本語学部を卒業。Magna Cum Laude（学年首席）、日本学部オーナー賞、英米文学部オーナー賞を受賞する。そんな優秀な成績を修めながら、就職先も留学先も決めないままに、能天気に日本にやってくる。来日早々轢き逃げ事故で大ケガをするなどヒドイ目にも遭うが、くじけずに執筆活動、バンド活動、魚釣りなどに精を出す。01年9月から、板橋区立志村第一中学校のALT（Assistant Language Teacher）を務めていたが、03年9月よりバークレー大学日本文学部大学院への進学が決定した。

著者◆Matthew Fargo
イラスト◆和田光弘
カバー立体◆モリナガ・ヨウ
カバー写真◆大滝吉春
校正◆高田タクヤ
装丁◆下平正則
編集◆瀧来櫻子（メディアファクトリー）
監修◆空想科学研究所

Chapter 1
これを英語で言えますか？

Can You Say This In English?

▶空想科学の世界で、広く深く浸透している言葉たち。それらは「両手ぶらり戦法」といった技の名前だったり、「メーサー殺獣光線車」などの兵器名だったり、「地球滅亡の日まであと365日」というような煽り文句だったり……と、多岐に渡っている。
▶いずれも耳慣れた言葉だが、では、あなたはこれらを英語で言うことができるだろうか？
▶空想科学の世界も、それが制作された時代や社会と無関係ではあり得ない。お馴染みの言葉たちも、想像以上に日本的な価値観に彩られているのだ。英訳を試みれば、そんな傾向も見えてくる。

これを英語で言えますか？

怪獣

Monster（モンスター）

▶欧米でも、ゴジラの熱狂的なファンは「怪獣」のことを「Kaiju」と言っています。しかし、一般の人にこの言葉が通じる可能性はとても低いので、やはり「Monster」を使うことを勧めます。

▶近い意味の言葉に「Creature」があります。「Monster」が、怪獣の恐ろしさや巨大さ、つまり「怪獣」の「獣」の意味を強調する言葉であるのに対して、「Creature」だと「怪」にウエイトがかかります。怪獣の不思議さは強調されますが、ちょっと弱そう。たとえば、「大アマゾンの半魚人」などは「Monster」ではなく「Creature」と呼ばれます。

古代怪獣

Prehistoric Monster（プリヒストリック モンスター）

▶ゴモラやツインテールなど、空想科学の世界には「古代怪獣」と呼ばれる生物がたくさんいます。長生きですよね〜。

▶「古代」を直訳すれば「ancient」ですが、これは一般に「ancient civilization」（古代文明）など、人間の歴史に関して使います。古代の動物に用いられるのは、「prehistoric」（有史以前の）。恐竜は普通「dinosaur」と言いますが、しばしば「prehistoric animals」とも表現されます。

宇宙怪獣

Cosmic Monster（コズミック モンスター）

▶もちろん「Space Monster」でもいいのですが、これだと飾り気がありません。単純に「宇宙から来た怪獣」です。

▶それに比べると「Cosmic Monster」はもう少しカッコよく、神秘的な感じのする言葉です。「cosmic」には「宇宙の」という意味のほかに「人間の理解を超えた」「広大無辺な」という意味もあります。3つの首を持ち、全身が金色に輝くキングギドラには、この言葉こそがふさわしい。

◆怪獣

最初の怪獣映画『ゴジラ』が封切られたのは、1954年11月。戦争が終わって、まだ10年も経っていない時期である。劇中の描写を見ても、ゴジラが暴れ回った後は、戦場のように荒廃しており、この怪獣が戦争の化身として描かれていたことがわかる。映画『ゴジラ』は、部分的に新撮され、再編集されたバージョンがアメリカでも公開された。

◆古代怪獣

怪獣の元祖たるゴジラは「本来は中生代ジュラ紀の生物」という設定だった。その影響もあってか、「古代怪獣」という肩書きを持つ怪獣は数多い。『帰ってきたウルトラマン』では、ツインテールという怪獣が、せっかく太古から甦ったのに、天敵の怪獣・グドンが現れて、たちまち食われていた。何のために何千万年も眠っていたんだっ!?

◆宇宙怪獣

この肩書きを持つ怪獣も多いが、1匹だけ挙げるとしたらキングギドラだろう。引力光線を吐く巨大な三つ首竜は、いかにも強そうだ。でも、宇宙から飛んでくる奴に、なぜ翼がある？ 空気のないところでは、翼は役に立たない。宇宙怪獣の考えることはよくわからん。

Can You Say This In English?

亡霊怪獣

Wraith Monster
レイス　モンスター

▶英語にも霊的な存在を表す言葉はいくつもあります。
▶まずは「phantom」。これは、怖そうな、邪悪そうな「幽霊」ですが、「まぼろし」とか「幻影」の意味でも用いる単語なので、ちょっと抽象的な感じもします。
▶それよりもずっと具体的なものを示すのが「wraith」。死後に地球上をさまよう「亡霊」のことです。宇宙の怪獣墓場（P15参照）からやってきて、東京をさまよった怪獣・シーボーズを表現するならこれでしょう。
▶微妙なのは「Ghost Monster」で、たとえば日本語で「お化けの怪獣」と言うのと同様、ちょっとかわいいニュアンスがあります。「お化け」も怖いけど、「亡霊」と言ったほうがより恐ろしく響くのと同じです。シーボーズは霞が関ビルからジャンプするなど愛敬もあったし、案外この言い方でいいかもしれません。

透明怪獣

Invisible Monster
インビジブル　モンスター

▶透明感を表す言葉には「see-through」（シースルー）もありますが、それは「透けて見える」ということ。「透明怪獣」のネロンガはまったく見えなくなるので、やはり「invisible」です。

えりまき怪獣

Ruff Monster
ラフ　モンスター

▶オーストラリアの「えりまきトカゲ」は「frillnecked lizard」と言うので、そのまま「Frillnecked Monster」と訳しても面白い。でも、フリルですからね。かわいらしすぎて、怪獣らしくないかも。
▶そこでオススメなのが「ruff」。シェークスピアの時代に流行った「ひだえり」を指す言葉ですが、その発音は「rough」（乱暴）とまったく同じなのです。シェークスピアと乱暴な怪獣の対照が面白いと思うのです。

◆亡霊怪獣
『ウルトラマン』に登場した怪獣・シーボーズのこと。宇宙空間に漂う怪獣墓場で眠っていたのだが、不本意にも地球に落下してしまった不憫な奴。見かけはガイコツだし、おそらく死んでいるのだろう。だが、各種怪獣図鑑には「体重は3万t」と書いてある。骨だけで3万tはすごくないか？　元気だった頃にはどんなに太っていたのだろう……？

◆透明怪獣
『ウルトラマン』に登場した怪獣・ネロンガのこと。普段は目に見えないのに、好物の電気を吸収すると姿を現す。人間だって、食事をすると気が緩むからね。

◆えりまき怪獣
『ウルトラマン』に登場した怪獣・ジラースのこと。もともと英国のネス湖に棲んでいたが、恐竜研究にのめり込んだ二階堂博士が、密かに日本に持ち帰り、自宅近くの湖で大切に育てた。その結果ジラースは、身長45m、口からは熱線を吐き、ウルトラマンと元気に腕比べをするほどの大怪獣に……。ブリーダーとしての博士の腕は立派なものである。

これを英語で言えますか？

変身！

Transform！
<small>トランスフォーム</small>

▶「trans〜」は「〜を超えて」という意味の接頭辞で、いろんな言葉に出てきます。よく使われる単語をいくつか挙げておくと……。
　transport：運送する（距離を超えて）
　translate：翻訳する（言語を超えて）
　transparent：透明な（光が物質を超えて）
▶そして「form」は「形」や「姿」のこと。したがって、この2つが合体した「transform」は「形を変えること」を言います。
▶「変身」を表す言葉は、ほかにも多数あります。カフカの小説『変身』は、英語で『Metamorphosis』と訳しますが、これは何かの偶然で起こった意外な変身を示す言葉。仮面ライダーのように、自らの強い意志でやるようなものとは違います。
▶「transmute」は、通常は科学（魔法や錬金術も含む）用語とされていて、自動詞の「変身する」よりも、主に他動詞として「ある物質に変形をさせる」という意味で使われます。
▶また、「transfigure」は、他者の外見を変えることを言い、ほとんどよい変化に関してのみ使います。「Mary's love transfigured him into a gentleman」（メリーの愛情は彼を紳士に変えました）。

ライダー変身！

Rider Transformation！
<small>ライダー　トランスフォーメイション</small>

▶上の項では「変身！」を「Transform！」と訳しましたが、これは「変身する」という動詞の原形なので、仮面ライダーが「Transform！」と言うと、本来は「変身せい！」という命令文になります。ただし別に命令ということではなく、カッコをつけるためにそう言う場合もあるということです。
▶しかし「ライダー変身！」という掛け声ならば、今度は「Rider Transformation！」と、「transform」の名詞形を使ったほうが自然です。この場合は、変身の名前を言っているだけになってしまいますが。

◆変身！
『仮面ライダー』が生んだ名セリフ。ショッカーによって改造手術を施された一文字隼人は「変身！」のかけ声と共に高く空中へジャンプ、風のエネルギーを取り入れて仮面ライダー2号に変身する。コトを起こす前に自ら「変身！」と宣言しているところを見ると、あまり真剣に正体を隠そうとはしていないらしい。

◆ライダー変身！
「変身！」の掛声を発案、実行したのは、2号ライダー・一文字隼人。当然、1号ライダーはフンマンやるかたなし（←推測）。そこで、本郷猛が編み出したのが「ライダー変身！」という新バージョンだった。やるね〜。

Can You Say This In English?

サンダー二段変身！
Thunder Bifold-Transformation!
<ruby>サンダー ビフォウルド トランスフォーメイション</ruby>

▶「サンダー二段変身」の「二段」は「bi」（「2」という意味）と「fold」（折るという意味）をくっつけた「bifold」です。「二段」という言葉と同じく、二つに重なったもの（2段ベッドのような）を表すこともあれば、「サンダー二段変身」のように、「二度」とか「2倍」という意味で使われることもあります。

三つのしもべ
The Three Acolytes
<ruby>ザ スリー エコライテス</ruby>

▶アメリカの歴史は、奴隷制度という恥ずかしい過去を持っています。それゆえ、英語に「しもべ」を意味する言葉は多数あるものの、どれも嫌な響きを伴います。しかし、『バビル2世』に登場する「三つのしもべ」は、主人公を助けて戦う正義の味方。これに使えそうな英単語は「helper」と「acolyte」くらいです。

▶「acolyte」はちょっと宗教的な言葉で、「教会での礼拝を手伝う子供」を指します。広い意味では「助っ人」です。『バビル2世』の「三つのしもべ」には、ポセイドンなどのやや神話っぽい雰囲気もあるので、これで同様の味を出せるでしょう。

空にそびえる鉄(くろがね)の城
Iron Fortress Towering in the Sky
<ruby>アイアン フォートレス タワーリング イン ザ スカイ</ruby>

▶鉄は「iron」ですが、この「iron」とは服のシワを取る「アイロン」、そしてゴルフの「アイアン」です。英語にも「くろがね」のような古い呼び方はありますが、いきなりそんな単語を使ってもわかりづらいので「iron」にしました。

▶「城」は一般的に「castle」ですが、「fortress」のほうが比喩としては多く使われるし（この場合はロボットのことを指していますし）、妙な言い方ですが「castle」よりは強そうです。かつて爆撃機B17は「fortress of the sky」（空の要塞）と呼ばれましたが、それにも引っかけています。

◆サンダー二段変身！
手塚治虫原作のヒーロー番組『サンダーマスク』で描かれた変身方法。二段変身というのは、①命光一が人間大のままサンダーマスクに変身し、②さらに身長40mに巨大化する、というもの。全然普通じゃん。

◆三つのしもべ
『バビル2世』で、主人公と共に戦う手下たち。陸のロデム、海のポセイドン、空のロプロスのこと。しかし、なぜ「3匹の」ではなく「三つの」なのだろう？ 実は、ポセイドンとロプロスは巨大なロボットだし、ロデムは自在に姿を変える液体状の生命（しかも、普段は女性の姿でバビル2世に寄り添っていた）。これらを一括して数えるのに使える単位が存在しないから……と思われる。

◆鉄の城
マジンガーZの巨大で屈強な存在感を形容して、こう言う場合がある。「くろがね」とは鉄の古称で、かつて「軍艦マーチ」でも「守るも攻めるもくろがねの……」と歌われた。マジンガーZも戦艦のイメージに重ねて、こう呼ばれたのかもしれない。

◆towering
映画『タワーリング・インフェルノ』の「タワーリング」で「高くそびえる」の意（P111参照）。

これを英語で言えますか？

放射能火炎
Radioactive Firebreath
レイディオアクティブ　ファイアーブレス

▶西洋のドラゴンが吐く火炎を「firebreath」と言います。文字どおりfire（火）+breath（息）なのですが、ゴジラも最初の映画では吐く息によって周囲が燃え上がっていくという感じだったので、この言葉を流用してみました。

▶しかし、『キングコング対ゴジラ』以降の勢いよく吐くようになった火炎はどう表現すべきか、これはなかなか難しい。海外版のゴジラ映画では「Power Breath」といった、きわめてショボい言葉が使われています。「パワーブレス」。これ、まことに中途半端な訳だと思います。新発売のフリスクミントのことかしら、それとも新しいラマーズ法のことかしら、てな感じで……。

反重力光線
Anti-Gravity Beam
アンタイ　グラビティ　ビーム

▶「重力」や「引力」のことを「gravity」と言います。それを否定する光線なので、頭に「anti-」。ちなみに、肯定する場合は、頭に「pro-」をつけます。

▶問題は「光線」ですが、候補として「beam」と「ray」があります。両者はどう違うのでしょう？　僕の『オクスフォード英国語辞典』を引いてみると、「beam」の項には「光のray」とあって、「ray」の定義はなんと「光のbeam」。つまるところ、好きに取り換えられるのです。

▶しかし、私がイメージするに、「ray」は「beam」よりもいくらか細い光線のような気がします。この印象が正しければ、大きなものも持ち上げてしまう「反重力光線」は、やはり太いほうの「beam」でなければならないでしょう。

◆放射能火炎
ゴジラが口から吐く火炎には放射能が混じっているため、こう呼ばれる。最初は呼吸をするたびに、あまりの熱い息に周囲が燃え上がる……という感じだったが、シリーズ化が進むにつれ、いかにもな炎を派手に吐きまくるようになった。『ゴジラの息子』では、火炎をうまく吐けなかったミニラが、ゴジラに尻尾を踏まれた途端、ゴーッと吐き出していたから、たぶんゴジラもビックリしたときには出ちゃうのだろう。彼を驚かせてはいけません。

◆反重力光線
この光線を浴びた物体は、重力に逆らって浮き上がってしまう。別名・引力光線。キングギドラやベギラなど、正体がよくわからない怪獣が好んで使うような…。

◆肯定する場合は
頭に「pro-」をつけた場合、それはどういう光線ということになるのだろう？「pro-gravity beam」。訳せば「重力びいき光線」か？　ますますワケがわからんな。

●怪獣の鳴き声、「ガオー」。英語では➡

Can You Say This In English?

超音波光線

ウルトラサウンド　レイ
Ultrasound Ray

▶「ultra〜」は、いわゆる「超〜」。「ultrasound」は「超音波」だし、「ultraviolet ray」は直訳で「超紫線」、つまり「紫外線」のことです。ほかにも、以下のような言い方をします。
　ultrafashionable, ultrahip：超お洒落な
　ultraconservative：超保守的、過激保守主義の
▶ちなみに、バカっぽい若者が「チョーかっこいい！」などと言いますが、それは海の向こうでも同じ。アメリカのバカっぽい若者は「ultra-cool!」と言って、大人の顰蹙を買っております。

◆超音波光線

怪鳥ギャオスの必殺光線。ギャオスの鳴き声は300万サイクル（1秒間に300万回振動する）の超音波なので、それが命中すると、あらゆる物体はスパッと切れてしまう。空想科学世界で最も痛そうな光線かも。

分子構造破壊光線

モルキュラー　ディコンストラクション　ビーム
Molecular Deconstruction Beam

▶「molecular」は「分子の」という意味。「deconstruction」は、「解体構築」という意味の、大変ややこしい言葉です。要するに、ひとまず何かをバラバラにするわけですね。
▶この光線名、日本語としても堅苦しいですが、それは英訳しても同じ。とても生き物が発するモノとは思えません。

◆分子構造破壊光線

『ウルトラQ』に登場した地底怪獣パゴスが吐く光線。人間の目には、なぜか金色の虹に見えるという。空想科学世界で最も説明的なネーミングの光線かも。

細胞活動停止光線

セリュラー　アクティビティ　サスペンディング　ビーム
Cellular Activity Suspending Beam

▶「停止」を意味する言葉はたくさんありますが、光線名に使われている「活動停止」というニュアンスを一言で表すには、「suspend」がぴったりです。「suspend」は、もともと「吊る」という意味の言葉。それが「停止する」になるのは、まるで空中に吊るされているかのように、動けなくする――という解釈から。映画のサスペンス（suspense）も「次に何が起きるかわからないのでトイレに行きたくても我慢する」といった意味合いです。
▶また、たとえば野球選手が何か罪を犯して、1週間分の試合を休ませられたりするのも「suspension」と言います。僕も高校時代、何度も学校を「suspension」（停学）になりました。

◆細胞活動停止光線

上記「分子構造破壊光線」と双璧をなす説明的な名前の光線。『ガメラ対深海怪獣ジグラ』に登場したジグラが使う。だが、名前のわりにその効果は長持ちしないらしく、これを浴びて仮死状態に陥っていたガメラは、雷に打たれてアッサリ甦った。

これを英語で言えますか？

八つ裂き光輪

マングリング　ヘイロウ
Mangling Halo

▶「八つ裂き」という日本語を英訳するのは、なかなか大変です。たとえば、シュレッダーでお馴染みの「shred」という動詞。「ずたずたに裂く」という意味ですが、ウルトラマンの技の名前に用いるには、カッコよさが足りません。

▶そこで「Mangling Halo」。これなら「mangling」の「a」の音と「halo」の「a」の音が母音韻を踏み、強そうな技の名になります。「mangle」の意味は「めった切りにする」。「mangler」だと「肉刻み器」です。

▶日本語で言う「ミンチ」は、英語の「mince」（発音は「ミンス」）からきているのですが、この場合は「本当に肉を細かく切り刻む」といった意味です。やはり調理用というか、「mangle」ほどの暴力的な感覚はありません。

▶「八つ裂きにする」に最も近い英語は、たぶん「tear ～ limb from limb」という熟語でしょう。「limb」は四肢の「肢」で、つまり「肢から肢まで引き裂く」です。ただ、技の名前にはちょっと長すぎますよね。

科学忍法火の鳥

ザ　サイエンス　ニンジャ　フィーニックス
The Science Ninja Phoenix

▶『科学忍者隊ガッチャマン』の英語版では「火の鳥」を「Fiery Phoenix」（燃え盛る不死鳥）と訳しています。ところが「科学忍法」は日本語そのまんま「Kagaku Ninpo」。

▶なんだか変な感じですが、これは仕方がありません。忍法を使うのは忍者ですが、当然ながらアメリカには忍者がいなかったため、「忍法」にあたる決まった言葉が存在しないのです。

▶そして、日本の歴史や文化がよくわからないアメリカ人は、「忍者」も「忍法」も「忍術」も一様に「Ninja」と言うことが多いようです。それを逆手に取って「サイエンス・ニンジャ・フェニックス！」と言ってしまっても、それが神秘的な迫力ワザであることは伝わると思います。

◆八つ裂き光輪
ウルトラマン第2の必殺技で、スペシウムエネルギーをリング状にして投げつけ、敵の体をスパッと切断するというもの。ただし、「八つ裂き」というほどバラバラにしているわけではなく、基本的には2つ切り。そのためか、この技は「ウルトラスラッシュ」とも呼ばれている。

◆halo
聖像の「後光」や「光輪」、太陽の「光のかさ」など、光が輪になっている状態を表す言葉。

◆科学忍法火の鳥
『科学忍者隊ガッチャマン』で、ガッチャマンたちはゴッドフェニックス号に乗って出動する。この大型戦闘機に危機が迫ったときに発動されるのが「科学忍法火の鳥」で、フェニックス号は文字どおり火の鳥に姿を変える。戦闘機のくせに羽ばたいたりするものだから、どうしても非科学的に見えてしまう科学忍法。

Can You Say This In English?

怪獣墓場

Monster Graveyard
モンスター　グレイブヤード

▶「grave」とは、「お墓」のこと。「have one foot in the grave」(片足を棺桶に突っ込んでいる)とも言うし、一生のことを「from the cradle to the grave」(ゆりかごから墓場まで)と表現することもあります。

▶「graveyard」となると、文字どおり「墓の庭」つまり「墓場」です。広くてたくさんの屍骸があるような感じ。『ウルトラマン』に登場した「怪獣墓場」は宇宙にあるということなので、「yard」を使うのも変なのですが……。

▶ほかに「tomb」という言い方もあります。でも、これは大昔の塚穴みたいな感じの埋葬所。古代エジプトの遺跡に見られるような墓場のことですから、宇宙に漂って定位置を持たない「怪獣墓場」のイメージにはちょっと遠そうです。

1兆度の火の玉

Trillion-Degree Fireball
トリリオン　ディグリー　ファイアーボール

▶「1兆」とはこれまた莫大な数字ですが、他の数字と一緒に覚えてしまえば、どうってことありません。ゼットン恐るるに足らず。

million：1,000,000（100万）
billion：1,000,000,000（10億）
trillion：1,000,000,000,000（1兆）

▶英語では100万以降、3桁増えるごとに「〜illion」のアタマの部分が変わります。これらの中間にあたる、たとえば「1千万」は「10 million」です。

◆怪獣墓場
P9の「亡霊怪獣」シーボーズが眠っていたのが、この怪獣墓場。地上4万mの宇宙空間（低い！）を、怪獣の屍がまとまって漂っていて、ウルトラマンに倒された怪獣たちは、皆ここに眠っている模様であった。

◆1兆度の火の玉
『ウルトラマン』の最終回で、主役を倒してしまった宇宙恐竜ゼットン。その必殺武器が「1兆度の火の玉」だ。いかにもすごそうなネーミングであるが、ウルトラマンはこれに当たってやられたのではない。スペシウム光線を撃ったところ、ゼットンにそっくり吸収されてしまい、そのエネルギーを再発射されて、彼は昏倒したのだった。ちょっと意外。

●お化けが出てくる「ヒュードロドロ」。英語では➡

SPULURCH

これを英語で言えますか？

見えないスイング
The Imperceptible Swing
（ザ　インパーセプティブル　スイング）

▶「見えない」を「invisible」と訳してもいいのですが、そうするとバット自体が透明になっているようにも聞こえてしまいます。よって、ここでは「imperceptible」を用いてみました。「気づかれないほどの」「目に見えない」という意味なのですが、この言葉を使えば、バットの回転がめちゃめちゃ速いために見えない、ということが伝わります。

◆見えないスイング
『巨人の星』に登場したオズマの打法。大リーグ出身のオズマは、中日に移籍して星一徹のシゴキを受け、もともと速かったバットのスイングスピードがさらに上昇、ついに見えなくなった。

消える魔球
Disappearing Voodoo Pitch
（ディサピアリング　ブードゥー　ピッチ）

▶なんと、英語には「魔球」という言葉が存在しません！ 野球は英語の国・アメリカで生まれたというのに、もはや日本のほうが進んでいるのでしょうか？

▶ここでは「魔」という字を「voodoo」（ブードゥー教の、魔法の）と訳してみました。実際の野球でも、不思議かつ凄まじい動きをする球について「there was some voodoo on that ball」（今のボールはブードゥーがかかっていたよ）と言ったりします。「voodoo」はその他、何かに魅せられるときにも使います。「she hit me with her voodoo」と言うと、「僕は、彼女のブードゥーに魅了された」という意味。説明できない不思議なパワーを持つものを形容するのに便利な言葉なのです。

▶これを「miracle」（ミラクル）にすると、努力というより幸運で手に入れた奇跡、というニュアンスになるため、根性と努力の人・星飛雄馬の魔球にはふさわしくないように思います。

◆消える魔球
星飛雄馬が編み出した大リーグボール2号の別名。ボールがホームベースの手前で忽然と姿を消し、キャッチャーミット寸前で再び出現する、というもの。見えない時間はわずかだが、その間ボールはコースを変えているところがミソ。ところで、「消える魔球」といえば今や『巨人の星』のイメージが強いが、それ以前に『ちかいの魔球』（作・ちばてつや）にも登場している。ただし、この作品における「消える魔球」のほうは偶然手に入れた変化球であるから、「Miracle Pitch」と呼ぶべきかもしれない。

POOF!

●ボールが「フッ」と消える……。英語では➡

Can You Say This In English?

宿命のライバル

アーチライバル
Archrival

▶「ライバル」はそのまま「rival」と訳してもいいのですが、「nemesis」という言葉もあります。この「ネメシス」とは、もともとギリシャ神話に出てくる神で、お仕置きする天罰の神様。つまり「宿命」とか「カルマ」のニュアンスも入った言葉なのです。したがって、たとえばウルトラマンの「nemesis」というと、やはりバルタン星人のことだし、仮面ライダーの「nemesis」はショッカー以外にあり得ません。「nemesis」とは、「因果応報」のようなものであり、いつか必ずやってくるから、逃げることなく立ち向かわなければならないのです！

▶ただし「宿命のライバル」が『巨人の星』や『あしたのジョー』で使われる場合、これは当てはまりません。「nemesis」といえば必ず悪い奴のことです。バットマンの「nemesis」はジョーカーですが、それはジョーカーが多くの人々を殺したりするような悪党だからこそ。一方、『巨人の星』の花形や左門は星飛雄馬を励ましたりもするし、力石徹もジョーの生き甲斐とも言えるほどの存在です。悪人でもなんでもないし。

▶したがって、やはり「rival」を使うべきでしょう。これは「nemesis」と違って、善し悪し問わず、とにかく対立している相手のことです。類語辞典を引いてみると、他の言葉（foe, enemy, adversary, anatagonist）にはどれも「悪」のニュアンスがありますので、日本語の「ライバル」をそのまま使ったほうがいいと思います。

▶「arch」は「上座」とか「首席」という意味なのですが、接頭辞として用いられるときは、多くが「最もヤバイ〜」など悪い意味で使われます。

◆宿命のライバル

「ライバル」を日本語で言えば「競争相手」「好敵手」だが、空想科学の世界では「戦うのに充分な実力を持った特別な相手」というニュアンスが非常に強い。これに「宿命の」が加わったらもう大変。たとえば『巨人の星』において、飛雄馬の巨人軍入団テストに駆けつけた花形は、皆が見ている前でこう叫ぶ。「星くん！　きみの一世一代の大勝負を、宿命のライバルとして、この花形が見とどけるぞ」。すごいセリフである。羞恥心というものがないのだろうか、花形くんには？

●ショックを受けた音「ガーン」。英語では➡

これを英語で言えますか？

大回転魔球
High-Rev Whirling Twirlball
（ハイ　レブ　ウァーリング　トゥルボール）

▶ この魔球の名を初めて聞いたときには、ボールが大回転する魔球だとばかり思ったのですが、実は投手がマウンド上で回転しながら投げる魔球だったとは！　日本の漫画って、ときどきトンデモないですね〜。

▶「rev」は「revolution」(回転)の略語です。車のエンジンをふかすのも「rev the engine」などと言います。エンジンの回転速度を上げているからです。

▶「くるくる旋回する」は「whirl」です。「twirl」は「whirl」と韻を踏んでいて、同じく「くるくる回る」という意味があり、また「投球する」という意味もあります。

▶ この英訳を直訳すると「くるくる急回転旋回投球」です。

◆大回転魔球
『侍ジャイアンツ』で、番場蛮が投げる第2の魔球。マウンド上でくるくる回転しながら投球するため、打者はボールがどこから飛んでくるかわからず打てない、というもの。これに挑戦した中日の強打者・大砲万作の必殺技は「回転打法」。どっちもくるくる壮絶だ。

大噴火投げ
Super Volcanic Eruption Chuck
（スーパー　ボルカニック　イラプション　チャック）

▶「chuck」は何かを「乱暴に放り投げる」ことです。したがって、「捨てる」という意味もあるし、「嘔吐」という意味もあります。この「吐く」というニュアンスも、ちょっと噴火を連想させるかもしれないし。

▶「volcano」が「火山」で、「volcanic」はその形容詞形です。「eruption」は「噴火」。「eruption of laughter」(爆笑)とか、「eruption of war」(戦争の勃発)などという使い方もします。それにしても力強いというか、壮絶な名前ですね。

◆大噴火投げ
『柔道一直線』で、鹿児島桜島高校の城山大作が使う必殺技。相手を頭上に抱え、そのまま真上に投げ飛ばす。落ちてきた相手の腹に頭突きをぶちかまし、再度投げ上げる。これを何度も繰り返すと、相手は完全にグロッキーに……。とても高校柔道の技とは思えません。

みなしごランド
Orphanland
（オーファンランド）

▶「orphan」とは「孤児」。「orphanland」は「Disneyland」と同じ音節数とイントネーションなので、こういう名前の遊園地が本当にありそうな気がしてきます。

◆みなしごランド
タイガーマスクが密かに建設を進めていた孤児のための遊園地。それはいいのだが、「みなしごランド」というネーミングはなんとかならんかな。それじゃ行きにくいだろう。

Can You Say This In English?

両手ぶらり戦法

<small>ダングリング　アーム　タクティクス</small>
Dangling-Arm Tactics

▶都合のいいことに、英語にも「ぶらり」という擬態語があります。「dangle」は、弛緩したものがぶら下がるさまを表します。

▶注意してほしいのは、「両手」なのに「arm」と単数形になっていること。たとえば、「私は5歳です」は「I am five years old」ですが、「私は5歳の子供です」と言うときは「I am a five year-old child」になります。「five years old」の「five years」が副詞の働きをしているのに対して、「five year-old」の「five year」は形容詞の働きをしているのです。「5ドル」のことを「five dollars」と言うのに、「5ドル札」のことは「five-dollar bill」と言うのも同じ。「five dollars」は名詞で、「five-dollar」は形容詞なのです。簡単に言えば、形容詞(形容句中の名詞)は必ず単数形だ、ということです。

▶というわけで、「ジョーは両手をぶらりとさせています」と言いたいときは「Joe has dangling arms」ですが、「両手ぶらり戦法」は「Dangling-Arm Tactics」となります。

二段投げ

<small>ダブル　　ヒーブ　ホウ</small>
Double Heave-Ho

▶柔道の「投げ技」は一般に「throwing techniques」と言いますが、同じ相手を二度ブン投げるという乱暴な技を表現するのには、パンチが足りないように思います。そこで「heave-ho」を使いましょう。これはモノを投げるときの掛け声。「人をクビにすること」「解雇すること」も「heave-ho」と、まるで会社から放り出しているような感じで言います。その暴力的なニュアンスは、「二段投げ」にぴったりです。

◆両手ぶらり戦法

『あしたのジョー』で矢吹丈が使った技。試合の最中に両手を垂らし、ノーガード状態を作る。相手は不気味に思い、ジャブなどで様子を窺うが、それでも丈はガードを下げたまま。それを見て、相手が本気で打ってきたところへ、すかさずカウンターを決める……というもの。だが、この「打たせて勝つ」という危険な戦法は、丈の肉体を確実に蝕んでいくことに……。

◆二段投げ

『柔道一直線』で、一条直也が編み出した必殺技。相手を空中に放り投げ、自分はそれよりも早く走っていって、再度相手を捕まえ、青畳に叩きつける！ 漫画の設定では、一条直也は「練習によって強くなった世紀の凡人」と言われていたが、とても凡人に編み出せる技ではないぞ。

●ニヒルな笑いは「フッ」。英語では➡

19

これを英語で言えますか？

地球防衛軍

アース　ディフェンス　フォース
Earth Defense Force

▶『ウルトラセブン』で「地球防衛軍」は「Terrestrial Defense Force」と英訳されていました。なかなかカッコいい言葉です。

▶ただ、「terrestrial」は「地球の」という意味ですが、「地上の」「陸上の」というニュアンスも強い。「Earth Defense Force」と言ったほうが確実ではないでしょうか。

▶ちなみに、一般に「軍隊」は「army」ですが、より広く、陸海空の軍隊をすべて含む言葉が「force」。「軍勢」という感じがある。「地球防衛軍」には「force」を使うべきです。

光子力研究所

フォトニック　エナジー　ラブ
Photonic Energy Lab

▶「photo」というのは「photograph」（写真）の略としても使うけれど、本来は「光の」という意味合いです。後ろに「n」がつくと、「極小量」とか「粒子」という意味が加わって、「photon」すなわち「光子」になります。こういう言葉は多く、「electron」（電子）、「neutron」（中性子）、「nucleon」（核子）などがあります。

▶「lab」は「laboratory」の略語で、「研究所」を示す言葉です。

人類補完計画

プロスペクタス　フォー　ヒューマン　ユニティ
Prospectus for Human Unity

▶「Plan for Human Unity」と言ってもかまいません。しかし『エヴァンゲリオン』の劇中でも最後まで全体像が明かされない「人類補完計画」には、「prospectus」という言葉を使って、ちょっと怪しい雰囲気を打ち出したいところです。

▶「prospectus」とは、「plan」のような具体的な計画ではなく、いささか抽象的、不確定的な感じのものです。「趣意書」とか、まだ完成していない小説の「梗概」とか、政党の「綱領」といった、漠然とした計画宣言書に対して使われます。

◆地球防衛軍

この名の組織は、多くの映画や番組に登場する。本文で取り上げた『ウルトラセブン』の場合、正義のチーム・ウルトラ警備隊は、「地球防衛軍の中の精鋭部隊」という設定だった。また、その名もずばり「地球防衛軍」という映画も作られているが、アメリカ公開時には別のタイトルがつけられている（P59参照）。

◆光子力研究所

『マジンガーZ』に登場する研究所。Zのエネルギー源である光子力の研究が本来の仕事と思われるが、毎週毎週敵のロボット（機械獣）が攻めてくるので、Zを出動させて防戦することに。研究どころではなかっただろうが、その成果というべきか、バリアは充実。

◆人類補完計画

『新世紀エヴァンゲリオン』に登場する謎の計画。00年のセカンド・インパクトなる大爆発で、人類の半数が死亡し、その後も使徒と呼ばれる敵の襲来が相次いだ。そこで、超法規特務機関ネルフはエヴァ初号機などを使って、使徒に対抗する……という物語なのだが、ネルフの作戦行動の背後にあるとされるのが「人類補完計画」。でも、具体的にどういう計画なのかは、結局よくわからないのだった……。

Can You Say This In English?

地球滅亡の日まで、あと365日

365 days until the Apocalypse
<small>デイズ アンティル ザ アポカリプス</small>

▶「地球滅亡」は、直訳すると「earth's extinction」。もちろん、これでも意味は通じます。けれど、「世界の終わり」を示すなら「apocalypse」と言うべきです。

▶ 実はこれ、『新約聖書』の「黙示録」のことなのですが、普通は「世界の終末」という意味で使います。たとえば、映画『地獄の黙示録』の原題は『Apocalypse Now』で、「もはや世界の終末」というような意味です。考えてみれば、『地獄の黙示録』なんて、とんでもない題名ですね。いったい何のことでしょう!?

▶ それはともかく、ほかには「armageddon」という言葉もあります。いわゆる「ハルマゲドン」ですね。「最終戦争」という意味ですが、「apocalypse」と同様「もう何もかもが終わっちまうぜ!」というニュアンスがあります。

1／8計画

The One-Eighth Plan
<small>ザ ワン エイツ プラン</small>

▶ 分数を英語で読むときは、分子をそのままの数字で読んで、分母を序数(first, second, third……)として読みます。

　1／5：**one fifth**
　7／9：**seven ninths**
　12／183：**twelve one-hundred-eightythirds**
分子が複数なら、分母に「s」がつくわけです。

▶ ただし、特例が2つあります。
　1／2：**one half**
　1／4：**one quarter**（**one fourth**でもOKです）

◆地球滅亡の日まで……
『宇宙戦艦ヤマト』では、各回の終わりに「地球滅亡」へのカウントダウンが示された。ヤマトが地球を出発した時点で「あと365日」、銀河系を離れた時点で「あと280日」、イスカンダル星を出発して地球へ向かった時点で「あと131日」。しかし、あと何日の時点でヤマトが地球に帰りついたのかは不明。

◆1／8計画
『ウルトラQ』第17話のタイトル。人口増加に伴う食糧不足問題を解決するために、人間を8分の1サイズに縮小しようという計画。物語では、希望者に対して試験的に行っている段階と見受けられたが、窓口には申し込みが殺到していた。1／8生活って、そんなに快適なのか?

●「シュルルルルル」と体が縮む音。英語では➡

pshoooooooo....

これを英語で言えますか？

放射能除去装置

Radiation-Dampener
（ラジエイション　ダンプナー）

▶直訳をすれば、「Radiation（放射能）Dampening（除去）Device（装置）」になるのですが、「Radiation-Dampener」と言ったほうがさっぱりしていて自然です。

▶機械の名前にしたければ、最後に「〜er」をつけると、「〜する装置」という意味になります。たとえば、「カレー食う」（curry eat）という言葉に「〜er」をつけて「curry eater」にすると、「カレー食い装置」になります。「skirt flip」（スカートめくる）につけると、「skirt flipper」つまり「スカートめくり装置」のできあがり。何もかもを簡単に機械化できる便利な方法です。

加速装置

Acceleration Widget
（アクセラレーション　ウィジェット）

▶上の「放射能除去装置」（Radiation-Dampener）と同じように、「〜or」を使って「Accelerator」と言ってもいいのですが、加速装置は009の奥歯に仕込まれているのだとか。それほど小さなものならば、「装置」を「widget」と訳したほうが、その小ささも伝わります。これは「仕組み」とか、「小型装置」とか、「わけのわからない道具」といった意味の言葉なのです。

空中元素固定装置

Atmospheric Element Fixator
（アトモスフェリック　エレメント　フィクセーター）

▶「atmosphere」は「大気」のことで、「atmospheric」はそれの形容詞形。「element」は「元素」です。

▶「fixate」は「固定する」という意味で、上の「加速装置」などと同じく「〜or」を加えれば装置になります。この「fixate」は面白い言葉で、「he is fixated on her」といった使い方もします。「彼（の心）は彼女に固定されています」すなわち、「彼は彼女が大好きだ」の意味です。また、心理学的に「fixate」を使う場合は、病的なまでに何かに固執することを指します。

◆放射能除去装置
『宇宙戦艦ヤマト』に登場するメイド・イン・イスカンダルの機械。ヤマトはこの装置を譲り受けるために、マゼラン星雲までの遠大な旅に挑んだ。だが、イスカンダルで渡されたのは部品だけで、「組み立ては自分たちで」という代物だった。なんだか通販で買った家具みたいだ。

◆加速装置
『サイボーグ009』の主人公・島村ジョーの体内に仕組まれていた装置。奥歯にスイッチがあり、これを噛むと加速装置が作動、ジョーはマッハ3で移動できるようになる。

◆空中元素固定装置
『キューティーハニー』に登場。普通の女子高生に見えるハニーだが、実はアンドロイド。体内に埋め込まれたこの装置を作動させ、空気中の元素から服を作り出して、瞬間的に変身する。その過程でチラリと裸が見えちゃったりもする。

Can You Say This In English?

エネルギー充填(じゅうてん)120%
エナジー　　フリー　　チャージド
120% Energy, Fully Charged

▶ 何かを「充電する」ことを「charge」と言います。もともとはフランス語で「車に荷物を積む」という意味でした。どういうわけか、クレジットカードを使うことも「charge」と言いますね。お金が減っていくのに、何がチャージだよ！って感じですが。

▶「fully」は「満タンに」。すでに「120% Energy」と言っている以上、満タンに決まっているのですが、あえて重複させても面白いかもしれません。元の日本語の「エネルギー充填120%」も、「エネルギー120%」と言えば済むのをわざと仰々しく言っているのでしょうから。

◆エネルギー充填120%

『宇宙戦艦ヤマト』では、波動砲や主砲の発射に至るまでの過程が細かく描写された。エネルギー注入率の明示もそのひとつだったが、なぜか100%ではなく、必ず120%まで注入する。一方、ガミラス軍はもっとすごくて「エネルギー充填150%」で反射衛星砲を発射。敵も味方も過剰である。

波動砲
アンジュレーション　　キャノン
Undulation Cannon

▶「波動する」ことを「shake」や「quake」などと言います。しかし、いかにもSFの機械らしい名前にするには、「undulate」がオススメです。「波立たせる」とか、「波形にする」という意味なので、周囲の空間さえも歪めるように見える「波動砲」にはピッタリだと思います。

▶ ところが、『宇宙戦艦ヤマト』の英語版を見てみると「Wave Motion Gun」と訳されていました。これは、なんとも味気ない言葉です。

◆波動砲
宇宙戦艦ヤマトの決戦兵器。その威力はオーストラリア大陸規模の物体でも一撃で粉砕するほど。

◆wave motion
本文では「味気ない」と書いたが、そもそも物理学における「波動」とは、この言葉の和訳なのだから、まあ仕方がないのだ。ちなみに、戦艦アンドロメダの「拡散波動砲」は「Dissemination Wave Motion Gun」。

● 大砲の発射音は「ドゴーン」。英語では ⬆

これを英語で言えますか？

14万8千光年の彼方

148,000 lightyears away
（ライトイヤーズ　アウエイ）

▶「光年」は文字どおり「light + year」。「away」は「〜遠く」とか「〜先」という意味で、ここでは「〜の彼方」です。

◆14万8千光年の彼方
そこにイスカンダル星がある。気が遠くなるほど遠いが、アンドロメダ星雲は200万光年の彼方にあるといわれている。宇宙は広いなあ。

反射衛星砲

Reflecting Satellite Cannon
（リフレクティング　サテライト　キャノン）

▶単語もその順番も、日本語そのまんま。「reflecting」は「反射する」ことです。「反射望遠鏡」は「reflecting telescope」。チャリンコの「反射鏡」も、「reflector」です。

▶「satellite」は「衛星」です。「人工衛星」も「衛星」も、どちらも「satellite」と呼びますが、多くは人工衛星の場合に使います。

◆反射衛星砲
『宇宙戦艦ヤマト』に登場した、ガミラス軍の基地防衛兵器。冥王星の周囲に、反射板を取り付けた人工衛星を多数配置し、基地から発射した光線をリレー式につないでいく。このシステムさえあれば、光線の砲塔が1個だけでも冥王星全土を守れる、というわけ。

メーサー殺獣光線車

Anti-Monster Maser Beam Tank
（アンタイ　モンスター　メイザー　ビーム　タンク）

▶「anti-monster」は「殺獣」というより「対獣」という意味ですが、これは兵器関係ではお馴染みの表現。同様の言い方の例として、下記のものがあります。

　anti-aircraft：対空の（砲火）
　anti-ballistic：対弾道弾用の（ミサイル）
　anti-tank：対戦車用の（ロケット弾）

▶ちなみに、「殺人光線」のことは、英語ではただ「death ray」と言います。殺してしまうのが怪獣でも人類でも「死の光線」なら、1パターンで確かに事は足ります。けど、それじゃムダに平等というか面白味に欠けるというか……。

◆メーサー殺獣光線車
66年の映画『フランケンシュタインの怪獣サンダ対ガイラ』に登場した、対怪獣兵器。所有しているのは陸上自衛隊。メーサーという言葉が思わせぶりなのを除けば、ミもフタもないネーミングである。

●重い車両が移動する音、「ゴゴゴゴゴ」。英語では➡

Can You Say This In English?

真空斬り

ヴァッキューム チョップ
Vacuum Chop

▶「u」が2つ並んでいる不思議な綴りの「vacuum」は、「ヴァッキューム」と発音します。「真空」の意味でもあり、「掃除機」を指すこともあります。つまり、「Vacuum Chop」は「真空斬り」の意味にもなるわけですが「掃除機斬り」と解釈できなくもない。掃除機斬りって、めちゃめちゃ弱そうですけどね。

▶「斬る」を意味する言葉は「cut」「slice」「chop」など、いろいろあります。「cut」はちょっとハサミで切っているような、あまり迫力のない言葉。「slice」はザクッと、とても薄く、素早く、そしてきれいに切っているような感覚です。

▶ それに対して「chop」は、「ぶち斬る」という感じの、力を込めるような切り方です。大きなプロペラを猛スピードで回転させるヘリコプターも、「chopper」と称しますので、ヘリコプターの飛行と同じ科学原理に基づいた(と思われる)この必殺技には、やはり「chop」です。

◆真空斬り

少年剣士・赤銅鈴之助の必殺技。両腕で空気の渦を作り出し、相手を投げ飛ばす。剣というより、柔道の技に近いと思う。

分身の術

ドッペルゲンギング
Doppelganging

▶「分身の術」は忍者の得意技ですから、英語にまったく同じニュアンスの言葉はありません。こういう訳は難しいですね。

▶「doppelganger」は、「もう一人の自分」という意味。この世界のどこかには、もう一人の自分が必ず存在するという説がありますが、これを題材にした『Doppelganger』というドイツの小説が流行して以来、英語でも使われるようになった言葉です。ここでは、この単語から「doppelgang」(もう一人の自分を作る、という意味)なる動詞があるものとして、勝手に「Doppelgang-ing」という動名詞を作ってみました。

▶ これで、いわば「よその自分を作る術」というニュアンスの言葉になります。「分身の術」のように、多数の残像を作る場合でも、この造語は使えるし、もちろん「He doppelganged again!」(あやつ、また分身の術を使いおった!)などと、普通の動詞のようにして使うこともできます。

◆分身の術

『サスケ』の歌で、この技の様子が描写されていた。それによると、サスケの人数は、1人→2人→3人→4人→5人→10人!と、途中から激増する模様である。もともとは忍術なので、もっぱら忍者が得意とするが、なぜかバルタン星人も使っていた。

これを英語で言えますか？

キック力増強シューズ

キック　ブースティング　シューズ
Kick-Boosting Shoes

▶英語には意外と「力」や「強さ」を表す単語が少なく、キック力の「力」と増強の「強」は、いずれも「power」になります。だからといって、直訳して「Kick-Power Power-Up Shoes」と言ってしまうと明らかに変です。日本語の「馬から落ちて落馬する」みたいな言い方ですからね。

▶そこで「Kick-Boosting Shoes」。「boost」には「力を高める」という意味のほかに、「高く持ち上げる」や「（チームを）応援する」などの意味もありますが、この訳なら前後の単語から「キック力を増やす靴」だとわかってもらえるはずです。「キックを応援する靴」では変だし、「キックを高く持ち上げる靴」というのでは脚を壊してしまいそうですから。

◆キック力増強シューズ
『名探偵コナン』に登場するコナン七つ道具のひとつ。高校生の工藤新一は悪の組織に薬を飲まされ、小学生の体にされてしまった。冴えた推理を展開しても、体力が小学生並みでは危険。そこで阿笠博士が開発してくれたのが「キック力増強シューズ」。電気と磁力でつぼを刺激するため、筋力を極限まで発揮できる、というもの。

どこでもドア

ジ　エニイウエア　ドア
The Anywhere Door

▶これはまったくの直訳ですが、英語でも充分にかわいい言葉です。念のため、他の人がどう訳しているかを見てみようと、小学館の『ENGLISH COMICS Doraemon』を買ってめくってみたところ、なんとドラえもんの便利グッズはローマ字表記！ 直訳でもいいから、英訳してほしかったなぁ……。

▶直訳では物足りないというのであれば、「Transportal」ではどうでしょう？ 「transport」は「移動させること」、「portal」は「入り口」とか「門」。この2つの単語を合わせて僕が作った造語です。自分では、とっても気に入っています。しかし、かわいさやドラえもんらしさでは、「The Anywhere Door」のほうがピッタリかもしれません。

◆どこでもドア
言わずと知れた『ドラえもん』の便利アイテム。四次元ポケットからこのドアを出し、行く先を告げれば、扉の向こうはもうその場所に！ 実際にこんなものが作られたら、旅行会社は軒並み倒産だ。

●素敵なものが出る瞬間「パンパカパーン」。英語では➡

Can You Say This In English?

四次元ポケット

フォーディー ポケット
4-D Pocket

▶「4-D」は「four-dimensional」の略です。三次元映像のゲームソフトなら「3-D game」と言います。
▶「dimension」とは「次元」のことで、日本語と同じように、レベルの高低の比喩としても使います。「お前、彼とは次元が違うんだよ」は「he is in a different dimension than you」。
▶また、無味乾燥で深みのない人を「2 dimensional」と言いますし、一方、とても器用でいろんな趣味を持っているような人は「multidimensional」(多次元的)と言います。

友情のバロメーター

コムラッドミーター
Comradometer

▶「Friendship Barometer」と直訳してもかまいません。「バロメーター」とは「気圧計」のことですが、物事の変化を測る「指標」のことでもあるからです。日本でも「体重は健康のバロメーター」などと使いますよね。
▶しかし、アメリカのSF映画に出てくる架空の計量器の名称は思い浮かぶ限りでは、必ずや「〜ometer」という形の単語になっています。実在する計量器も、「speedometer」(速度計)、「tachometer」(回転速度計)、「odometer」(走行距離計)、「thermometer」(温度計)など、同様の形です。
▶では「Friendshipometer」とすればいいのでしょうか？これはピンときません。科学的な雰囲気がまったくないというか、いかにも無理に合成語を作ったという感じなのです。
▶幸い英語には、友情を表す言葉はいろいろあるので、そのうちのひとつ「comradery」を使って、「Comradometer」としてみましょう。これなら、いかにもありそうな組み合わせです。
▶さあ、あなたも勝手に計量器を作りましょう！
　altruometer：人の「良心」を測る機械
　darkometer：人の「おろかさ」を測る機械
　kissometer：「キス」の技術レベルを測る機械

◆四次元ポケット

ドラえもんの腹部にあるポケットの名称。22世紀の未来世界とつながっていて、無限の奥行きを持つので、こう呼ばれる。実は、「取り付け型の四次元ポケット」というものもあり、一度のび太に装着したが、彼はゴミ捨て場としてしか使わなかった……。そんな奴、もう見捨てろよ、ドラえもん！

◆友情のバロメーター

『超人バロム1』では、正義の超人・バロム1に変身するのは2人の小学生だった。だが、その変身には友情のエネルギーが欠かせない。ケンカしてたり、相手を信用できなくなっている場合には、変身ができず、世界は大ピンチに陥るのだ。彼らの友情の度合いは「ジェットポップ」という測定器が教えてくれることになっていたが、その目盛りは1から5までと極めてシンプルだった。信用していいのかなあ。

27

これを英語で言えますか？

大リーグボール養成ギプス
メジャー　リーグ　ピッチ　プライミング　キャスト
Major League Pitch Priming Cast

▶「ギプス」はドイツ語からきた言葉です。英語でも「石膏」のことを「gypsum」と言いますが、それは彫刻などの材料に使われる石膏のみに使われ、医療器具のギプスなどは「cast」と呼ぶのが普通です。

▶また、「ボール」をそのまま「ball」と訳すと、この「養成ギプス」を形容するのは「球」になり、知らない人には、まるでボールの皮を剥がしてそれでギプスを作っている、というように聞こえてしまいます。したがって、「ボール」は「pitch」(投球)と訳します。

左腕がピシッと音を立てる
ヒズ　レフト　アーム　ゴウズ　スナップ
His left arm goes SNAP

▶「SNAP」は「ピシッ」とか「ポキッ」とか、そういう音です。すべて大文字になっているのは、それが擬音だということを示すためでもあり、ちょっと音量も高めるためでもある。つまり、観客席まで聞こえるような「ピシッ」なのです。

▶「goes」は、「～と言う」「～と鳴く」です。「say」の代わりに「go」を使うことも多いし、主語は人間に限りません。「犬がワンワンと鳴いた」は「the dog went WOOF」だし、「ギターがビーンと鳴った」は「the guitar went TWANG」です。

大どんでん返し
プレポステラス　ターンアラウンド
Preposterous Turnaround

▶「turnaround」は、「どんでん返し」のことなのですが、頭の「大」の字がクセモノ。「大」はもちろん「super」でもいいのですが、ここでは「preposterous」(とんでもない)を使ってみました。

▶「どんでん返し」にはほかに「comeback」という単語もあります。右投手として再起した星飛雄馬の場合、こっちがピッタリかも。

◆大リーグボール養成ギプス
『巨人の星』に登場する肉体改造グッズ。星飛雄馬は幼い頃からこれを装着して生活していたため、野球の実力がアップしたという。でも、本当につけると筋肉を痛めたり、産毛を挟んだりして非常に危険と思われる。

◆左腕がピシッと音
星飛雄馬は大リーグボール3号の多投によって、腕の筋肉を痛めてしまった。医者の制止を聞かず登板を続けた結果、完全試合をかけた試合の最後の一球を投げた瞬間、左腕がピシッと音を立てる！ それは、利き腕の筋肉が切れた、あまりにも残酷な音であった。

◆「say」の代わりに「go」
会話で「そして彼が『イエス』と言って、彼女が『OK』と言ったんだけど、私は『ノー』って言ったの……」と、「言う」という言葉が頻発する場合は「then he went, "Yes," and she went, "OK," but I went, "No..."」などと使う。

◆大どんでん返し
『新巨人の星』のキーワード。左腕を壊して引退した飛雄馬は、打者としての再起を目指す。だが父・一徹は、しきりに「大どんでん返しが起こるかもしれぬ」と恐れ、やがてそれは現実のものとなった。幼い頃、飛雄馬は右利きだった！ 右投手としての可能性を秘めていたのだ。

Can You Say This In English?

明日はどっちだ？

What's in store for tomorrow?
ワッツ　イン　ストアー　フォー　トゥモロウ

▶「in store」とは、もともとは「たくわえられて」という意味。商売用語として使われれば、「～発売中」ということです。今日ではそういう現在的な状況に対してよりも、未来のこと、これから起ころうとしていることに関して多く使われるようになっています。「明日、いったい何が僕を待っているんだろう」といった意味合いの「What's in store for tomorrow?」は、不安と同時に希望が込もった、運命の匂いがぷんぷんする言葉です。

おっぱいミサイル

Boobmissile
ブーブミサイル

▶一般に「乳房」は「boobies」ですが、単数形で言うと「boob」になります。たとえ両方のおっぱいをミサイルとして発射するのであっても、ワザの名前には必ず単数形を使います（詳しくはP19「両手ぶらり戦法」の項を参照）。

▶やはり男性の会話にはよく出てくる単語なので、「boobies」のほかにも「おっぱい」を意味する言葉は山ほどあります。たとえば、balcony, bangers, bazongas, bazooms, big brown eyes, bonbons, boulders, breasts, bullets, bumpers, bust, canteloupes, chest, coconuts, dugs, gazongas, glands, globes, gobstobbers, guavas, handful, headlights, hills, honkers, hooters, howitzers, jaboos, jelly moulds, jugs, kazongas, knobs, knockers, life preservers, loaves, loblollies, lulus, mammets, mams, mangoes, meatballs, meatloaves, melons, milkmen, missiles, mounds, mountains, muffins, mulligans, ninnies, nippers, nodules, noogies, nubbies, nuts, orbs, ottomans, pair, palookas, papayas, paps, payload, peaches, peaks, pecks, peepers, pillows, pips, pokes, pontoons, pumpkins, pumps, rack, rib cushions, sandbags, scones, scoops, set, shakers, shimmies, skin sacks, spheres, spuds, stacks, stuffing, sweater meat, sweet rolls, swingers, tamales, teats, tetons, tidbits, tits, titters, titties, tomatoes, tooters, torpedoes, twangers, twin peaks, twofers, umlauts, upper deck, warheads, warts, watermelons, whoppers, yabbos, zeppelins

等々と、様々な類語が挙がります。でも、一般的には「boobies」ですね。正式には「breasts」（乳房）。

◆明日はどっちだ？

『あしたのジョー』のキーワード。将来に希望の見えない不良少年・矢吹丈は、ある日ドヤ街で丹下段平と出会う。段平はジョーの才能に惚れ込み、そこからボクシングという2人の「明日」が見え始める……。

◆おっぱいミサイル

『マジンガーZ』には、女性型ロボット・アフロダイAが登場した。このロボットはもともと地質調査用に開発されたらしく(本当か？)、武器を持っていなかったのだが、敵と戦う必要が出てきたため、やむなく胸にミサイルを装着したらしい(本当か？)。その俗称が「おっぱいミサイル」。ちなみにこのロボットとミサイルを開発したのは光子力研究所の弓教授、操縦者はその娘・さやかである。周囲の人は誰も止めなかったのだろうか？

◆おっぱい

他に「bust」(バスト)を使うという手もある。この言葉は英語では「ぶっ壊れる」「破滅させる」という意味のほうが一般的。「bustmissile」とは「敵をぶっ壊すミサイル」という物騒な意味にもなるのだ。

●ロボットがミサイルを発射し「シュバーン」。英語では➡

COLUMN
「空想科学」はどう英訳すべきか？

▶エスエフとは何だ？

　辞書で「空想科学」を引いてみると「SFに同じ」と書いてあった。SF。今だったらそれが「Science Fiction」の略だとわかるけれども、日本に来て初めて「エスエフの映画は好きですか？」という質問をされたときには、何のことだかさっぱりわからなかった。そのとき、僕の頭に浮かんだのは、次の3つの言葉だった。

　1. San Francisco（ほら、ジャイアンツの帽子に「SF」と書いてある！）
　2. Super Famicon（マリオの映画は本当にあったし！）
　3. Sacrifice Fly（「犠牲フライ」は新聞で、SFと略されるのだ！）

　いずれにしても、英語では「Science Fiction」のことを「SF」とは言わない。一般的には「Sci-Fi」と略して、「サイファイ」と発音する。「フィクション」の略なのだから「サイフィ」と言ってもよさそうなものだが、こうやって「Sci-Fi」と書くと、どうしても「サイファイ」と読みたくなるし、この発音のほうが韻の踏み心地もよろしい。

▶『空想科学読本』の場合

　ところが、柳田理科雄さんの著作『空想科学読本』の表紙には、『The Primer of Dream Science』という英名が書いてある。ここでは「空想科学」を「Dream Science」と訳しているわけだが、初めてこの言葉を目にしたとき、僕の頭に浮かんだのは、レオナルド・ダ・ヴィンチが残した構想図だった。想像上では完成しているけれども、実現できないかもしれない「空想の科学」。個人的な意見を言わせてもらえれば、「Science Fiction」よりもずっといい言葉だと思う。

　この英名は、柳田さん自身が訳したものなのだという。ご本人に聞いてみたところ「僕は長く学習塾の講師を務めていたので、古めかしい受験英語かもしれないんだけど……」と自信のなさそうな顔をされた。

　柳田さんには悪いが、実はそのとおり。特に「primer」という言葉は、最近あまり使わなくなってきている。「primer」とは「入門書」。小学校で英語の読み方を覚えるために使われる教科書で、あの懐かしき「ジャックとベティ」の微妙な関係が描かれていたことで有名だ。

　ところが、最近の教科書は「ストーリーワークブック」や「イングリッシュ・ファンタジー」という呼び方に変わってきた。そんなお気楽な名前の本で、本当に勉強になるのだろうか!?　それに比べると、「primer」という響きには、やはり昔のイギリスの厳しい学

園の匂いが漂っているような気がする。

　ということは、『The Primer of Dream Science』という言い方は変なのだろうか？変といえば、確かに変だ。でもそれは、とても素敵な「変」だと僕は思う。

　「primer」は古さを感じさせる単語だけれども、それゆえに「未来科学に彩られた宇宙船」や「最新の技術を駆使したロボット」とは正反対。「Dream Science」なのに「primer」なんて、まったく対照的で面白いではないか。

　もうひとつ「primer」には英国教育風の硬さが感じられるが、これは柳田さんの楽しい文章と正反対。そういう意味でも愉快なくらい対照的なのだ。いっそのこと、ジャックやベティの研究もやっていただきたい。

▶では、本書タイトルの英訳は？

　さて、本書『空想英語読本』の英名だが、僕はこれを『Dream English reader』としている。「primer」ではなく「reader」という言葉を使っているのだ。古臭い表現を避けたわけではない。これも「primer」同様「読本」と訳されることが多い言葉なのだが、「reader」はどちらかというとアンソロジー、つまりひとつのテーマでいろんなものをまとめた本のこと。本書はいろいろな漫画や映画を通して「英語」というテーマを考える本なので、「reader」を使った次第。

　また、「日本の空想科学世界における英語」のことをアッサリ「Dream English」と言っちゃってるわけだが、これだけでちゃんと通じるのだろうか？

　正直なところ、「Dream English」という表現をアメリカ人が聞いたら「夢の中のコトバ」といった感じに受け取るかもしれない。やや乱暴にすぎる訳だったかも……。でも、僕はこのタイトルを一生懸命擁護したい。豊臣秀吉が「なにはの事もゆめの又ゆめ」と詠ったように、日本は夢の国なのだ。そして、アメリカからやってきた僕にとって、日本はいまだに夢のように輝いている国にほかならないからだ。

●戦う前の掛け声は「ファイト！」。英語では↑

『ベルサイユのばら』から、死にゆくオスカルの言葉

おお… 果敢にして 偉大なる
フランス人民よ…
自由… 平等… 友愛…
この崇高なる理想の 永遠に
人類のかたき礎たらんことを
フ…ランス…… ばんざ…い…！

Oh... bold, noble people of France...
Freedom...equality...brotherhood[1]...
May these lofty ideals ever form the firm foundations[2] of mankind[3]...
Vi...Vive... la France![4]

(1) brotherhood：友愛
　　直訳すれば「兄弟の道」ですが、ここでは「友愛」という意味。対象となる人々の老若男女を問わず使える単語です。ほかにも「〜hood」のつく言葉はたくさんあります。fatherhood（父の道、父権、父格）、motherhood（母の道、母性）、knighthood（騎士道）、childhood（幼年時代）、godhood（神の道、神性、神格）。しかし、「茶道」を「teahood」と言えるかとなると、やはり言えません。「〜hood」は「〜道」とは少し違って「〜である」という意味なので、「teahood」だと「お茶であること」という変なニュアンスになってしまいます。「武士道」は「bushi-hood」でもよいけど、「剣道」は「swordhood」ではダメ、ということです。

(2) foundations：礎

(3) mankind：人類
　　「kind」は「優しい」のkindではなくて「類」という意味のkindです。いつか人類そのものが「優しい」という意味をも体現することを祈りましょう。

(4) Vive la France!：フランス万歳！
　　これは英語ではなく、フランス語ですが、まあ有名な言葉ですから、そのまま使いました。英語だったら「Long live France!」ですね。Long live Japan!

Chapter2
心に残るセリフ

Affecting Dialogue

▶どんなに荒唐無稽な物語であっても、ときにたったひとつのセリフが、リアルな存在感を生み出すことがある。人の口から発せられるときにこそ、言葉にはより熱い血が通い、いつまでも心に残るものとなるのだろう。

▶この章には、空想科学の世界でひときわ印象に残るセリフを集めた。沖田艦長、ケンシロウ、キャプテンハーロック……。名セリフゆえに、単語のひとつひとつに大きな意味があったりもするが、だからといって直訳がベストというわけでもあるまい。日本語と同じように、魂を揺さぶる英訳を考えてみたい。

心に残るセリフ

「俺の後ろに立つな!」

Never stand behind me!
(ネバー スタンド ビハインド ミー)

▶「never」の使い方は「don't」と同じですが、否定の意味は遥かに強い。「一切〜をするな」です。これを言うのは、あのゴルゴ13。彼は後ろに人が立つと、反射的にぶん殴ってしまうといいますから、そりゃもう絶対に立ってはなりません。

▶前向きなアメリカ人が大好きな言葉に「Never say never!」というのがあります。直訳すれば「一切neverと言うな」。意訳で「不可能なんてない」「やればできる」。この場合、「Never say never!」と言ってる本人が2回も「never」を使っているので、そのへんの矛盾が面白いわけです。

▶ところで、英語には「go behind one's back」という決まり文句があって、これは「裏切る」を意味します。つまり「back」には「背中」「後ろ」のほかに、「裏」という意味もあるのです。「裏庭」は「back yard」だし、「裏道」は「back street」。そう、人気グループの「Backstreet Boys」は「裏道の男たち」ですね。

◆俺の後ろに立つな!
さいとう・たかをの漫画『ゴルゴ13』に登場するセリフ。殺し屋・ゴルゴ13が成功率100%を実現できるのは、天才的な狙撃技術に加え、慎重居士な性格があればこそ。彼は握手もしないし、背後に人が立つことも許さない。ディズニーランドできちんと列に並ぶことなど、決してあり得ないのだっ(たぶん)。

「地球か、何もかも皆懐かしい……」

Earth, eh? It all takes me back...
(アース エ イットオールテークス ミー バック)

▶「eh?」は「地球か」の「か」です。たとえば「あ、お前か」と言いたいときは、「It's you, eh?」。驚いて「え?」と言っているのではなく、「そうか、地球か」という感じで使っています。

▶「takes me back」は「〜が懐かしい」。前項「俺の後ろに立つな!」のところでも「back」の意味を述べましたが、さらに「昔」という意味もあります。英語で「後ろ」は「過去」を示し、「前」(forward)は「未来」を意味するのです。したがって「take me back」は「私を昔の日々に連れていく」、つまり「いろいろ思い起こさせられる」です。

◆地球か……
『宇宙戦艦ヤマト』最終回における、沖田艦長の言葉。往復30万光年の旅も終わりに近づき、いよいよ地球が見えてきたときにポツリとこの言葉をつぶやき、沖田艦長は息を引き取った。わが人生に悔いなし、って感じで、素晴らしいですね。ちなみに、アニメの海外版では「Earth..., You bring so many fond memories」と訳されていた。なるほど!

●最期の瞬間、座ったまま「ガクッ」。英語では➡

Affecting Dialogue

「お前はもう死んでいる」
ヨーア　アルレディー　デッド
You're already dead.

▶日本語でも解釈に困るような言葉です。相手に「死んでいる」と言う場合、その相手は死体であるはず。わざわざ声をかける必要がありません。しかも『北斗の拳』では、「死んでいる」と言われた相手が「何だと!?」と驚いたりしています。ケンシロウに殴られて、もう死は確実かもしれないけれど、まだ1秒くらい命が残っているような状態なんですね。医学的かつ法律的に言えば、まだ死んでいない。したがって、実直に訳せば「You're already dying」(お前はもう死にかけている)になります。

▶でも、状況を正しく表現すればよいというものではありません。だいたい、カッコよさが足りない。よって、上記のような「もう死んだ」という表現にしました。

◆お前はもう死んでいる
漫画『北斗の拳』(原作/武論尊・漫画/原哲夫)における主人公・ケンシロウの決めゼリフ。この言葉の直後に、相手の肉体は内部から破裂し、言われたとおり死に至る。その際の相手の叫び声は「たわば!」「ひでぶ!」「あべし!」など、一人一人違っていた。死に直面しながら、印象的な絶叫を発するなど、なかなかできることではなかろう。

「立て、立て立て、立つんだジョー!」
ゲダップ　ゲダップ　ゲダップ　ゴッダム　ゲダップ　ジョー
Get up! Get up, get up! Goddamn, get up, Joe!

▶さり気なく文章に混ぜてみた「goddamn」は、「ひでえ」や「チクショー」といったニュアンスの言葉。下品でイケナイ言葉とされているのですが、丹下段平なら言いかねません。この「goddamn」は、「get up」と組み合わせるとリズム感がいいので、こうして並べると段平の叫び声が聞こえてくるようです。

◆立つんだジョー!
漫画『あしたのジョー』での、丹下段平のセリフ。というか、絶叫かな。アニメ版のエンディング曲にも挿入されたので、そっちのほうで有名かも。

「俺の旗のもとで、俺は自由に生きる!」
アイリブ　イン　フリーダム　ビニース　マイ　オーン　フラッグ
I live in freedom, beneath my own flag!

▶「beneath」は「〜の影響下で」「〜のもとで」という意味。「under」を使ってもほぼ同じ意味ですが、「beneath」のほうが古めかしい感じになります。『キャプテンハーロック』は未来を舞台にしたドラマですが、ハーロックの男っぽい言い回しが、いかにも古めかしいから、逆にカッコいいわけです。

▶「my own」は「自分専用の」。日本語でよく「マイルーム」とか「マイラケット」とか言いますが、正しく言えば「my own room」「my own racket」です。

◆俺の旗のもとで……
『宇宙海賊キャプテンハーロック』で、事あるごとに主人公が口にするセリフ。彼の言葉でもうひとつ有名なのが「命を捨てて、俺は生きる」で、これを英訳すると「By throwing away my life, I live」。

心に残るセリフ

「ライオン丸見参!」「タイガージョー推参!」

<ruby>ライオン</ruby> <ruby>マル</ruby> <ruby>アテンディング</ruby>
Lion-maru attending!
<ruby>タイガー</ruby> <ruby>ジョー</ruby> <ruby>レプリゼンティング</ruby>
Tiger Joe representing!

▶「見参」と「推参」は、どう違うのでしょうか? 何人かの日本人の友達に訊いてみたところ、皆が口を揃えて「『見参』はちょっと威張っているような雰囲気で、『推参』はもっと丁寧な感じがする」と言ってましたが、『広辞苑』を引いてみると、なんと逆のことが書いてあるではありませんか。途方に暮れた私は、とりあえず片方を調子に乗った感じの言葉に、もうひとつを丁寧な言葉にしてみました。

▶「attending」はシェークスピアにも出てくる古い言葉で、目上の人に対して使います。一方、「representing」のほうはラップの曲などでよく使われる「俺だぜ」といった感じの、自己愛に溢れた単語です。

◆ライオン丸見参!
戦国時代を舞台にしたヒーロー番組『快傑ライオン丸』では、獅子丸と錠之介が激しいライバル関係にあった。獅子丸はライオン丸に、錠之介はタイガージョーにそれぞれ変身するのだが、変身直後のセリフがこれ。いや〜、明らかに競い合ってますなあ。

「僕はジェッター、1千年の未来から、時の流れを超えてやってきた」

<ruby>アイ アム ジェッター</ruby> <ruby>カム</ruby> <ruby>フロム</ruby> <ruby>ザ ネクスト</ruby> <ruby>ミレニアム</ruby>
I am Jetter, come from the next millennium,
<ruby>フォーディング ザ</ruby> <ruby>ストリームズ アブ</ruby> <ruby>タイム</ruby>
fording the streams of time.

▶「millennium」は「1千年」。20世紀が終わる頃、盛んに使われましたね。

▶「ford」は「川を渡る」という意味の動詞。アメリカの自動車メーカーの「Ford」も、この言葉からきている会社名です。あえて日本語に訳すなら「川越」……。

◆僕はジェッター……
アニメ『スーパージェッター』のオープニングで毎回語られていたセリフ。この後は「流星号応答せよ、流星号。……来たな。よし、行こう!」と続く。よくしゃべる未来人である。

「月に代わってお仕置きよ!」

<ruby>イン ルー アブ ザ</ruby> <ruby>ムーン</ruby> <ruby>テーク ヨーア スコルディング フラム ミー</ruby>
In lieu of the moon, take your scolding from me!

▶「in lieu of〜」は「〜の代わりに」。この熟語を使った場合、「lieu」が「moon」の「oo」音と母音韻を踏んでいて、ちょっとお洒落です。女の子っぽいし。

◆お仕置きよ!
『美少女戦士セーラームーン』の主人公・月野うさぎの決めゼリフ。かわいく言うのがコツよ。

Affecting Dialogue

「早く人間になりたい！」

ハウ アイ ロング トゥ ビー ヒューマン
How I long to be human!

▶「long to＋動詞の原形」は「〜をしたくてしようがない」という意味。使い方は「want to〜」とまったく同じですが、もっと強い欲求の表現です。

▶上の英文には、特に「早く」を意味する言葉は入っていませんが、「long to」に強調の役割があり、「早く」というニュアンスを生み出しています。たとえば「I long to see you」は「もう君に会いたくて仕方がない」です。

▶ほかに「long for 〜」という表現もありますが、これは「〜が欲しくて仕方ない」です。「I long for you」なら「あなたが欲しくて仕方がない」。うひょひょ〜。

◆早く人間になりたい！
アニメ『妖怪人間ベム』で繰り返し語られていた、あまりにも切ないセリフ。奇怪な姿の妖怪人間たちは、善い行いを重ねれば、いつか人間になれると信じて旅を続けるが、彼らの望みは叶うはずもなく……。

「クララが歩いたの！」

クララ ウァークトゥ
Culara walked!

▶直訳です。ただし、英語だったら「Culara can walk!」と言いそうです。努力や奇跡によって再び歩けるようになった人は、いつも「I can walk!」と叫んでいるような気がします。一回だけでなく、もう歩けるようになったんだという意味で。

◆クララが歩いたの！
『アルプスの少女ハイジ』に登場したクララ・ゼーゼマンは、生まれつき体が弱く、車椅子生活を送っていた。そんな彼女が懸命な練習の果てに、ついに歩けるようになる！ 喜びに満ちたハイジのセリフが、アルプスの山々にこだまする。

「明日のために、今日も寝る」

イン ザ ネーム アブ トゥモロー アイ シャル スリープ トゥデー
In the name of tomorrow, I shall sleep today.

▶「shall」は「will」の昔風の言い方で、もったいぶっているように聞こえます。実は何もすることがないから寝るだけなのに、わざわざ「明日のため」などと見栄を張る。そんな場合に、ぴったり合うと思います。今度、食事中にトイレに行きたくなったら、「I shall go to the toilet」と、いかにも上品な言い方で自分の尿意を報告してみましょう。

▶「明日のために」が「明日に備えて」という意味なら「for tomorrow」でしょうが、面白味がありません。そこで大袈裟に「in the name of tomorrow」としてみました。「明日に誓って」という感じの言葉です。

◆明日のために、今日も寝る
松本零士の漫画『男おいどん』で、主人公・大山登太がしばしば口にするセリフ。中退した高校への復学を目指す登太だが、金ないモテない勇気ない。それでも未来の可能性だけを信じて、明日のために今日も寝るのだ。

心に残るセリフ

「認めたくないものだな。自分自身の、若さゆえの過ちというものを」

イッツ ハード トゥ フェッスアップ トゥ ザ ミステークス ユー メーク
It's hard to fess up to the mistakes you make
イン ヨーア ユース
in your youth.

▶「fess up」は熟語。「admit」の類語で「白状する」の意です。
▶また「you」「your」という言葉を使っていますが、ここでは二人称の「あなた」ではなく、「人は」と人間全般を指しています。「誰だって、若さゆえの過ちを認めたがらないものだ」という感じですね。「we」も同じように、人間全般を言うために使えます。つまり、「It's hard to fess up to the mistakes we make in our youth」と言っても、意味は変わりません。

◆認めたくないものだな……
『機動戦士ガンダム』第1話のラストシーンにおける、シャアのセリフ。このアニメがアメリカで放映された際には、次のような英訳がなされていたという。「Nobody ever likes to admit to mistakes due to his own youth, but I guess this time I have no choice.」

「二度もぶった！親父にもぶたれたことないのに！」

ザッツ トゥアイス ユー ヒット ミー
That's twice you hit me!
イヴェン マイ オルド マン ネヴァー ヒット ミー
Even my old man never hit me!

▶「ぶつ」を表す英語は、いろいろあります。平手打ちのことを「slap」、ぶん殴ることを「sock」、そしてボクサーのようにグーで殴ることはもちろん「punch」。ただ、広い意味で「ぶつ」を意味するのは「hit」です。
▶「my old man」とは、自分のお父さんのこと。つまり「親父」です。よっぽど親しい人には「your old man」と言うこともありますが、一般的には自分の父親のみに用います。ちなみに「オフクロ」は「my old lady」。その、いささか無礼な「old」が「親父」や「オフクロ」というニュアンスを表すポイントです。

◆二度もぶった！
これも『ガンダム』から。主人公・アムロはもともと内向的な少年で、戦場に出ていくことを拒絶して、ブライトに平手打ちを食らった。そのときのセリフがこれ。親に殴られた経験さえない少年が人を殺さねばならないのが、戦争なのだ。ちなみにアメリカ放映時には「You got no right. Not even my own father hit me before」と訳されていた。

●「パシッ」と頬をぶつ音。英語では➡

Chapter3
漫画のタイトル、どう訳す?

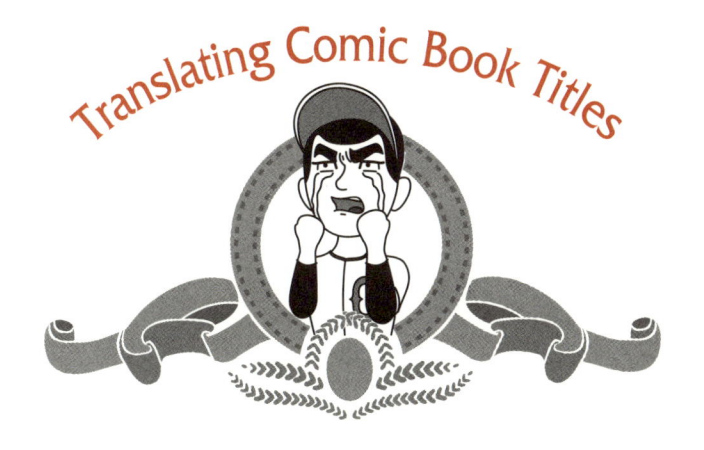

Translating Comic Book Titles

▶漫画は日本が世界に誇る文化だが、海外に輸出することを念頭に置いて作られてきたわけではない。むしろ土着的なノリを重視してきたからこそ、『男一匹ガキ大将』や『釣りキチ三平』や『みこすり半劇場』といった勢いあるタイトルが生まれたのだ。
▶それらは、日本語ならではの言葉遊びに満ちている。そのせいか『うる星やつら』は、そのまんま『Urusei Yatsura』というタイトルでアメリカに輸出され、人気を博した。
▶だが、この章ではあえて英訳に挑戦しよう。もちろん、日本語の原題が持つニュアンスは、できるだけ活かすこととして――。

漫画のタイトル、どう訳す？

釣りキチ三平

サンペー　ザ　ラビッド　フィッシャーマン
Sampei the Rabid Fisherman

▶「釣りキチ」の「キチ」は、直訳すれば「crazy」なのでしょうが、それを使うと三平君は「狂った釣り人」になりかねません。そんなんじゃあ、魚も釣れますまい。

▶そこで「rabid」。もともと狂犬病にかかっている状態を指す言葉ですが、「何かにハマってしまった」、という意味でも使います。口から泡を吹き出すほどに夢中になっている、というわけですね。

▶「rabid」の上手な使い方は、たとえば次のとおり。
I've always been a rabid Beatles fan. I even known all the members' middle names !
（私は昔からビートルズの大ファンなんです。メンバー全員のミドルネームまで知っている！）

空手バカ一代

ザ　ライフ　アンド　タイムズ　アヴア　カラーティ　ファナティック
The Life and Times of a Karate Fanatic

▶「fanatic」という言葉は「ファン」の語源です。阪神タイガースの熱狂的な支持者は「Hanshin fanatic」。この「fanatic」は、もともと「神様に取りつかれている」という意味らしいのですが、すると阪神ファンもある意味、神の召使いということ？

▶それはともかく、熱狂している様子を表す言葉として、なぜここでは『釣りキチ三平』と同じ「rabid」を使わなかったのか？　実は「fanatic」には「rabid」よりも宗教的な響きがあります。「rabid」が狂気のマニアであるのに対して、「fanatic」はいわば深い信念に基づくマニアです。三平君は学校にも通わず釣りに興じていますが、それでも釣りは趣味の範囲でしょう。しかし、空手バカの大山倍達先生は空手に人生そのものを捧げており、熱狂ぶりの質が少々違うように思うのです。

▶「The Life and Times of〜」は「一代記」を表します。井原西鶴の名作『好色一代男』も『The Life and Times of an Amorous Man』といいます。

◆釣りキチ三平
作・矢口高雄(73年)。小学生で釣りの天才・三平三平(みひらさんぺい)の活躍を描く漫画だったが、ブラックバスによる生態系破壊など自然環境問題にも警鐘を鳴らしている。ちなみに、劇中、三平君は学校に行っている様子がほとんどなく、しかも釣りのためなら海外にまで足を伸ばす。先生に叱られないか心配。

◆crazy
「〜に対して狂っている」という場合は、「crazy about〜」と「about」を加えなければいけない。

◆空手バカ一代
原作／梶原一騎・絵／つのだじろう、影丸譲也(71年)。極真空手の創始者・大山倍達の半生を描いた実録漫画。後期には、彼の弟子たちが主役となっていったが、それによって漫画の人気はますます高まり、影響を受けて極真会入りするガキンチョが続出したという。

Translating Comic Book Titles

俺の空

マイ　ホライズン
My Horizon

▶財閥の御曹司・安田一平の旅物語『俺の空』。直訳すれば『My Sky』ですが、これでは戦闘機乗りの話に思われそう。「ここは俺の空なのだ。ほかに飛んでいる奴がいれば撃ち落とす！」なんて言ってる乱暴なパイロットの物語とか……。

▶つまり、日本語の「空」に含まれる「希望」や「可能性」の念は、英語の「sky」には薄いのです。英語における「空」は、「地球上の空間」の名称にすぎないと思ってください。

▶希望や可能性を表す言葉としては、しばしば「horizon」（地平線）が用いられます。暁が地平線からやってくるがごとく、未来の光も天と地の接するところから見えてくる……。希望といえば「horizon」なのです。

男組

パッスィー
Posse

▶これは、西部劇によく出てくる言葉で、もともと西部の「保安官隊」を指しました。19世紀アメリカの無法な西部における保安官の置かれていた状況は、今日の警察官とはまったく違います。正式な公務員ではない彼らが、法と秩序を保つためには、賊と同じように暴力を振るわざるを得ませんでした。そんな彼らが自分の仲間を呼ぶ際に使っていた言葉が「posse」です。

▶現代でもストリートギャングは自分の仲間を「posse」と呼びますが、この言葉には「荒い手を使いながらも正義の味方」というニュアンスが、そのまま残っています。残酷な暴力集団に制圧される高校に再び秩序を打ち立てるため、少年院から通ってくる『男組』の6人の仲間は、まさに「posse」という感じです。

◆俺の空
作・本宮ひろ志（76年）。財閥の御曹司・安田一平は、高校を2年で卒業し、花嫁探しの旅に出る。使える金も無尽蔵なら、旅先で出会い体を重ねる女性たちにも不自由しない。いいなあ、そういう旅。

◆男組
原作／雁屋哲・絵／池上遼一（74年）。日本を操る影の権力者に、流全次郎と仲間たちが挑む。

◆Posse
実は、最初に考えた英訳は『Dudes』だった。「野郎ども」「奴ら」、という意味の言葉で、男っぽい言い方。日本語の「お前」にも近いが、相手を見下すようなニュアンスはなく、親しみが込もっている。ただし、ややバカっぽい言葉なので、35歳以下の男専用という感じ。結局、そのバカっぽさが『男組』には合わないと思い、『Posse』に変更した。

●格闘家が気合を入れて「キエ〜ッ」。英語では➡ HAI-YAH!

漫画のタイトル、どう訳す？

いなかっぺ大将

Cap'n Redneck
(キャップン　レッドネック)

▶「いなかもの」を示す英語はたくさんあります。たとえば、hillbilly、yokel、country bumpkin、redneck、hick、slackjaw、podunk、云々。ここで用いた「redneck」は、日本語の「いなかっぺ」同様、田舎者本人も使いそうな言葉です。「I'm a redneck」(私は田舎者ですから)と言ったりします。

▶「redneck」は「red」と「neck」の合成語ですから、意味はわかりますよね。一日中畑仕事をしていると、首が日に焼けて赤くなるところからきています。

▶「大将」は普通「general」ですが、この漫画の主人公・風大左ェ門は本当の大将ではありません。「お山の大将」などと言うときに使う「大将」なので、これは訳が難しい。ここでは「cap'n」としてみました。これは、海賊やちょっとラフな船乗りが船長(captain)のことを呼ぶときの言い方ですから、ギャグっぽいというか、本当は船長でないということはわかります。なにしろ「redneck」ですから。

◆いなかっぺ大将
作・川崎のぼる(67年)。大志を抱いて上京してきた少年・風大左ェ門の愉快な日々を描く青春漫画。大左ェ門はネコに弟子入りして柔道の腕を磨く。もちろん、田舎者だからといって動物と会話ができるワケでもなかろうが。

男一匹ガキ大将

Tough Ragamuffin
(タフ　ラガマフィン)

▶「ragamuffin」は「礼儀を知らない子供」のことです。私も小さい頃、よく母親に「このragamuffinめ!」と叱られました。そもそも「rag」とは「ぼろぎれ」のことで、そこから派生した「ragamuffin」には、「ぼろを着るような汚ない子供」「天外孤独な浮浪児」というニュアンスがあります。擦り切れたガクラン姿がイカす戸川万吉にはピッタリではないでしょうか。

▶「tough」は、日本語でもお馴染みの「タフ」です。「屈強な」「粘り強い」という意味であり、大勢の子分を抱える「ガキ大将」には欠かせない資質でしょう。また、この「tough」という言葉が「ragamuffin」の「muff」と韻を踏んで、カッコいい響きになっています。

◆男一匹ガキ大将
作・本宮ひろ志(68年)。貧しい漁村でケンカに明け暮れていた戸川万吉が、子分たちと一緒に全国制覇に乗り出す物語。

Translating Comic Book Titles

男どアホウ甲子園

Koshien the Dumbass
（コーシエン　ザ　ダマス）

▶「dumbass」は、「dumb」（バカ）と「ass」（まぬけ、ケツ、ロバ）を合わせた合成語です。直訳すれば「この馬鹿ロバめ」ですが、使われ方は「どアホウ」とほとんど変わりません。「he's a dumbass」（あいつアホだなぁ）や「what a dumbass!」（なんというアホな！）という具合に使います。また、誰かがバカなことをすると、周りの皆が口をそろえて「dumbass」とつぶやきます。ちなみに、発音は「ダマス」です。

▶誰かのあまりのバカさに腹が立った場合は、「Dumbshit!」や「Dumbfuck!」と罵倒することもありますが、これらは本気でキレているときに使うものなので、くれぐれもご注意ください。

◆男どアホウ甲子園

原作／佐々木守・絵／水島新司(70年)。藤村甲子園は、甲子園大会→東京六大学→プロ野球界と、舞台を変えて活躍を続けるが、その武器は豪速球のみ。まったく計算高くないアホなところが素晴らしい。

あしたのジョー

Joe Tomorrow
（ジョー　トゥマーロ）

▶言うまでもなく、「あした」とは「可能性」や「夢」の比喩なのですが、ここでは直訳してみました。その結果、「Tomorrow」はジョーの苗字に！　一般的に、ボクサーは下の名前を「ファイティング」や「ジョルティング」など派手なあだ名に変えて、姓をそのまま残しますが、「ジョー」の場合は下の名前を削るわけにはいかないでしょうから、苗字に工夫するしかないのです。しかし、「Joe Tomorrow」と声に出してみると、意外と自然な、いい感じの名前ではありませんか！　しかも、その派手さがいかにも拳闘家らしいかもしれません。

◆あしたのジョー

原作／高森朝雄・絵／ちばてつや(68年)。ドヤ街に流れ着いた不良少年・矢吹丈は、そこで元プロボクサーの丹下段平と出会う。2人はボクシングに将来への可能性を見出し、「あしたのために……」を合言葉に、鍛錬を積んでいく。

●パンチを食らって「バターン」と倒れる！　英語では➡

漫画のタイトル、どう訳す？

あした天気になあれ

メー　ザ　マロー　ビー　フェア
May the Morrow be Fair

▶『May the Morrow be Fair』は『あした天気になあれ』の直訳ですが、図らずもゴルフ漫画であるこの作品にピッタリの意味深い訳となりました。「fair」はもちろん「晴れ」のことですが、もともと「公平な」「広い」「何も邪魔しない」という意味からきているのです。雲ひとつない昼間も「fair」。ゴルフの芝生区域を「フェアウェー」と言うのも同じ解釈によるものだし、それゆえフェアウェーから外れないボールも「fair」と呼ぶのです。

▶「the morrow」は「tomorrow」の上品バージョンです。ゴルフは高級なスポーツなので、やや高級な言葉を使いましょう。

巨人の星

スター　アヴ　ザ　ジャイアンツ
Starr of the Giants

▶『巨人の星』の「星」という字は、いろいろな意味を持っています。主人公の名前の「星」であり、飛雄馬と一徹が憧れる巨人軍の輝かしき名誉の比喩でもあり、もちろん夕空を飾る無数の星々のことでもあります。

▶では、英語の「star」も同じようなニュアンスを持つかというと、天文学上の意味のほかに、ビートルズの「Ringo Starr」のように名前にも使われるし、著名人を「スター」と呼ぶように、名誉のたとえでもあります。人名の「Starr」の場合、「r」を2つ綴るのですが、ここでこのスペルを用いたのは、『A Giant Star』と言うと、「巨大な星」という極めて単純な意味になってしまうから。大スターか、木星のことと思われるでしょう。そこで『Starr of the Giants』。これだと「巨人の星さん」という感じで、名前の「Starr」を「star」にカケていることが伝わります。

●ホームランを打つ音は「カキーン」。英語では➡

◆あした天気になあれ
作・ちばてつや(80年)。中学を卒業してプロゴルファーになった向太陽の活躍を描く。ショットの際の掛け声は「チャ〜・シュ〜・メ〜ン！」。

◆巨人の星
原作／梶原一騎・絵／川崎のぼる(66年)。肩を壊して巨人軍を追われた星一徹は、叶えられなかった夢を実現するため、息子の飛雄馬に野球のスパルタ教育を施す。巨人軍に入団した飛雄馬は、ライバルとの対決を経て、大投手への階段を昇っていくが、その前に立ちはだかったのは、なんと父・一徹だった……。努力と根性に彩られた、極めて日本的な漫画。

Translating Comic Book Titles

がきデカ

Junior Dick
（ジュニア ディック）

▶ アメリカで、シャーロック・ホームズの次ぐらいに有名な探偵といえば、ディック・トレーシーです。「Dick」は一般的な男性の名前ですが、特に渋い私立探偵を指すことがあります。私立探偵には、①銃と一緒に寝ている、②ヒゲをまともに剃らない、③アルコール＆ニコチン中毒……といったイメージがありますが、その種の人間を「dick」と言うのです。『がきデカ』の主人公・こまわり君は、卑劣で汚なくて無節操な、かなりロクでもない小学生なので、思い切って「dick」を使ってみました。

▶ ちなみに、ホームズやコナンに「dick」と言っては、やや失礼かもしれません。バイオリンを弾くホームズのような探偵には「detective」や「sleuth」（どちらも刑事や探偵を指す）という言葉のほうが適切です。

▶ また、「junior」は「少年の」という形容詞の働きのほかに、「〜二世」と、父親の名前を継いだ息子を指すこともあります。したがって、男の子のことを一般的に「junior」と言ったりします。「Hey, junior!」（おい、坊や）という呼びかけもOK。

はじめの一歩

The First Step
（ザ ファースト ステップ）

▶『巨人の星』同様、主人公の名前「一歩」を使った題名です。「一歩」は英語で「step」と言いますが、残念ながら男の名前に「step」は用いません。でも、「Steppan」とか「Stephan」という名前ならあります。強引なやり口ではありますが、英訳する際には、仮に主人公の名前を「Steppan」にしてしまい、ニックネームが「Step」だということにすれば、この題名の二重の意味を訳出したことになるはず……。

▶ 夢に向かって踏み出すことは、洋の東西を問わず大事なこととされますが、「The first step is the most difficult」という言葉があるように「最初の一歩は最も難しい一歩である」というのも常識です。

◆がきデカ
作・山上たつひこ(74年)。主人公・こまわり君は、本人の弁によれば、日本で唯一の「少年警察官」。それを俗語で言うと「がきデカ」というわけ。決めゼリフに「死刑！」や「八丈島のきょん！」などがある。

◆dick
とりわけ、犯罪者が探偵や刑事に対して用いる。「Are you a dick?」(お前、デカじゃないか？)と仲間を疑ったりするのだ。

◆sleuth
「sleuthhound」（警察犬）からきている言葉で、鼻を地面につけて、ひたすら手がかりを探る、という感じ。

◆はじめの一歩
作・森川ジョージ(89年)。いじめられッ子の幕の内一歩が、ボクシングを通じて「強さ」を体感していく物語。リアルな試合描写に加え、登場人物それぞれの「闘う事情」が細かく描かれ、敵にも味方にも感情移入せずには読めません。

漫画のタイトル、どう訳す？

みこすり半劇場
Quickdraw Comics
（クイックドラー　カミックス）

▶うわ。みこすり半！　そんないやらしい、非道徳、猥らなスラングなんぞ、まさか高貴なる英米語にはあるはずがなかろう！と言いたいところですが、実は豊富に取り揃っております。

▶現象に忠実な言葉としては「premature ejaculation」（早すぎる射精）があります。ほかにも「quick on the trigger」や「triggerhappy」（どちらも、すぐに銃を撃ちたがるケンカっ早い奴の意）、あるいは「minuteman」（「一分の男」、つまりアメリカ独立戦争のときに、即座に応召できる準備をしていた民兵）など多々ありますが、多くは「銃」を連想させるスラングです。

▶漫画のタイトルであることを考えれば、僕がオススメしたいのは「quick-draw」です。「quick」は「早い」。「draw」は「引く」「銃を取り出す」ですが、「描く」という意味もあります。『みこすり半劇場』は短い漫画（4コマ）がたくさん集まった作品だし、気軽に読めるし（別の言い方をすれば、すぐに読み終わる）、いかにも「quick-draw」という感じです。

◆みこすり半劇場
作・岩谷テンホー(86年)。ベタベタの下ネタギャグも、繰り返されれば偉大な作品となり得ることを実証した漫画。オチはどれも似たようなものなのに、それでも毎回笑える。同じタイトルの漫画雑誌まで出ているのだから、たいしたものだ。

うる星やつら
Extra Molestrials
（エクストラ　モレストリアルス）

▶「宇宙人」を表す言葉は、一般には「alien」ですが、ほかに「extra terrestrial」という言い方もあります。「alien」は、そもそも「外の者」という意味合いで、法律用語などでは「外国人」を指したりもします。その点、「extra terrestrial」は「地球の外の者」なので、「宇宙人」として、より適切な言葉。有名な映画の『E.T.』とは、この「extra terrestrial」の略語ですね。

▶ここでは、「terrestrial」の「terrest」を「molest」に置き換えてみました。「molest」とは「人を悩ませる」「妨害する」あるいは「痴漢をする」といったことですから、この英訳は「宇宙から来た厄介者」という感じです。まさにラムちゃんのことではありますまいか。ギャグとしてもバカっぽいし、『うる星やつら』の雰囲気がうまく出ているタイトルじゃないかと自画自賛。

◆うる星やつら
作・高橋留美子(78年)。あまりにも有名なドタバタコメディー。アメリカにも進出して多くのラムちゃんファンを生み出しているが、アメリカ版のタイトルは『Urusei Yatsura』。まんまなのだ。まあ、タイトルと無関係に楽しめる作品ではあるが……。

Translating Comic Book Titles

漂流教室

クラッスルーム　アドリフト
Classroom Adrift

▶「drift」は「漂流する」という動詞であって、「adrift」はその形容詞・副詞系のバージョンです。動詞を形容詞として用いれば『Drifting Classroom』になりますが、『Classroom Adrift』のほうが自然です。このように、動詞や名詞の頭に「a」をつけて形容詞・副詞に変えることはよくあります。「float」（〜が浮く）に「a」を加えて「〜afloat」（浮かぶ〜）になります。「field」（野原）に「a」を加えると、「〜afield」（家を離れた〜、野良〜）となります。

うしろの百太郎

ヒャクタローズ　ゴット　マイ　バック
Hyakutaro's Got My Back

▶「get one's back」という熟語は、「〜を見守る」「〜をかばう」「〜の精神的な味方になる」といった意味です。

▶戦争などで、前進する兵隊を「掩護射撃」する際にも使われます。「I've got your back」は、「僕は後ろで見守っているから、思い切ってやれ」と、仲間に自信を与えるための言葉だし、ケンカを売られた場合、友人に「get my back」と言えば、「万一負けそうになったら、お前も入ってきてくれ」という意味です。そして、百太郎は文字どおり主人公・一太郎の背後にいて、いざとなったら自分を助けてくれる背後霊なのだから、これはもうぜひ「get my back」を使いたい。

▶「Hyakutaro's」は「百太郎の」じゃなくて「Hyakutaro has」の短縮形です。『Hyakutaro Has Got My Back』ですね。普段、「has+過去分詞」を見ると、「現在完了形だあ！」と思いますが、「have got」「has got」だけは特例です。ここでは単に「have」や「has」の意味です。学校で覚える英語では、「I have a dog」と言いますが、実は「I've got a dog」のほうが自然です。映画のタイトルにもなった「You've got mail!」もこの一例です。「You have mail!」と言ってもいいのですが、コンピュータまでも「ユーヴ・ガット・メール！」ですね。

◆漂流教室

作・楳図かずお（72年）。800人の子供と共に、小学校がまるごとタイムスリップするというオドロキの物語。

◆うしろの百太郎

作・つのだじろう（73年）。念のために説明すると、主人公・一太郎の苗字が後（うしろ）、彼を守る背後霊が百太郎、だから「うしろの百太郎」なのだ。さて、「十太郎」という人もいるのかしら？

◆口語表現

学校で習う英語では「私はペンを持っています」を「I have a pen」と言う。しかし口語では、「I have〜」のような表現はめったに使わない。正しいけれど、硬くて不自然な言い方なのだ。5歳の子供に向かってひたすら「です」や「ます」を使っている外国人みたいな感じというか……。最も一般的な言い方は「I've got〜」。つまり「I have a pen」ではなく、「I've got a pen」となる。『Hyakutaro Has My Back』とも言えなくはないが、熟語と「have」「has」のような硬い表現が混ざっているととても変な気がする。

47

漫画のタイトル、どう訳す？

子連れ狼

ウルフ　アンド　ウェルプ
Wolf and Whelp

▶この漫画の単行本の表紙には、『Lone Wolf and Cub』という英訳が載っています。「lone」は「独身」で、「cub」は「幼獣」。日本語に訳し直すと「独狼と子」というところでしょうか。

▶実はこれ、英語としてはかなりカッコいい題名です。ただ、いささか長すぎるし、「味」というものを欠いているとも言えなくはありません。僕なら「cub」ではなく「whelp」を使いたい。というのは、「cub」も「whelp」も「幼獣」という意味で、どちらも「狼の子」を指すことはできるのですが、実際には、「cub」はもっぱら「子熊」に使われます。しかも、アメリカでは「子熊」はとてもかわいいイメージでとらえられているのです。一方、「whelp」は「子犬」などにも用いられますが、「cub」ほど限定的なイメージがありません。

▶あるいは、原題には「lone」に対応する言葉はないので、これを削って『Wolf and Whelp』という手も。「W」の頭音が重なり、はっきりしたリズムを刻んで非常にカッコいいです。

コータローまかりとおる！

コータロー　カミング　スルー
Kotaro Coming Through！

▶「まかりとおる」とは、あたりかまわず通っていくこと。たとえば、人ごみのなかを駆け抜けていくような状態ですよね。このような場合、アメリカでは「Coming through!!!」と叫ぶのが常識です。こう叫びさえすれば、誰もがどいてくださることでしょう。「どけ！」みたいな失礼な言い方ではなく、「すみません」のような丁寧な表現でもありません。「悪いけど、あなたがたがどいてくれないと私はあなたがたの間を遮二無二突進することになるでしょうぜ」という感じの言葉なのです。

▶ただし、漫画のコータローみたいに、状況を改善していくというニュアンスはありません。それでも、通ろうとしている人物には何か大事な用があること、そして何があっても自分が目指して走っている的を外さないこと、といった感じはある言葉です。

◆子連れ狼
原作／小池一夫・絵／小島剛夕（70年）。500両で人斬りを請け負う元公儀介錯人・拝一刀。幼い息子・大五郎を連れて旅を続ける彼を、人は「子連れ狼」と呼んだ……。この作品、実は英訳され、アメリカでも大人気となっている。

◆コータローまかりとおる！
作・蛭田達也（84年）。生徒数2万のマンモス学園を舞台に、お調子者のコータローが活躍する物語。単行本59巻に及ぶ長期連載が終わったと思ったら、『柔道編』が始まり、それが27巻で完結したと思いきや、さらに新編が……。日本有数のエンドレス漫画。

Translating Comic Book Titles

リングにかけろ

ブット イット アン ザ リング
Put it on the Ring

▶ 直訳すると『Bet on the Ring』となりますが、これだと「ボクシングにお金を賭けましょう」というニュアンスになってしまいます。ボクシング賭博を題材にした漫画だったらそれもアリですが、この場合は「リングに青春をかけろ」と言っているわけですから、ちょっと違いますよね。

▶ 名誉をかける、青春をかける、命をかける……。「賭ける」に含まれる様々なニュアンスを出すのに、最適な言葉は「put ～ on」という熟語です。熟語は覚えにくくて面倒くさい代わりに、普通の表現より意味が広がるところがあります。

▶ さらに、「かけろ」という男っぽい題名になっている点も、熟語を使うのに最適。そう、日本語同様、英語でも熟語は男らしいのです。強盗をするときには「Raise your hands!」(手を挙げてください!)などと、小学校の先生が言いそうな言葉は使わず、やはり「Put 'em up!」と、熟語で言います。

▶ 「put ～ on」という熟語は、非常に便利です。服を着るとき、人をだますとき、太ってしまうとき、電話を替わるとき、料理をするとき、加速するとき……、本当にいろんな意味で使える言葉です。たとえば、以下のように。

▶ I'm not putting you on, I've really put on some weight, so I've got to put on some baggier pants, and I've only got ten minutes to put dinner on, and therefore better put on some speed, so I'm going to put Michael on the line.

◆リングにかけろ

作・車田正美(77年)。中学生のボクシングを描いた漫画なのだが、必殺パンチを食らって試合会場の窓を割ってすっ飛んでいくなど、背筋が凍る描写がてんこ盛り。日本のことをよく知らないアメリカ人が、この漫画を読めば「日本のボクシングはこんなにレベルが高いのか」と腰を抜かすだろう。

◆put ～ on

たとえば、「俺は世界一の拳闘家だ!」と威張っている人がいたら、その人に「Put it on the ring!」(その自信をリングにかけてみろ!)と言ってやりましょう。

◆左の英文の意味

冗談じゃないわよ、最近は本当に太ってきたから、もうちょっとだぶだぶしたズボンに着替えたいし、しかも夕飯を作るのにあと10分しかないし、私、もう急がないといけないんだから電話はマイケル君に替わっちゃうね。

●見事パンチが命中、「バキィィィッ」。英語では➡

漫画のタイトル、どう訳す？

おいしい関係

ア　セーヴァリー　アフェア
A Savory Affair

▶直訳するなら『A Delicious Relationship』でしょうが、これはよくありません。「味のよいつながり」みたいな、とても不自然な感じの題名になってしまいます。

▶雰囲気やニュアンスの問題ですが、「delicious」に比べると、「savory」(味のよい)のほうが優雅でのんびりした感じがあります。ラーメンを食べるときは「delicious」だけど、バカ高いフランス料理店のビフテキだと「savory」というふうに。

▶また、「relationship」はとても硬い言葉です。それに比べると「affair」は意味深。まず「情事」、いわば恋愛的な「関係」の意味があります。その他「ちょっとした出来事」とか「祝い事」という意味もありますが、バーベキューとか運動会のようなイベントのことは決して「affair」と言いません。もっとエレガントな感じの、たとえば高級なレストランで開かれるダンスパーティーなどを指します。すなわち、この「affair」には、「恋愛関係」と同時に「晩餐会」といったニュアンスも含まれているわけで、洋食店が舞台の恋愛を描いたこの漫画のタイトルに使うには、いかにもピッタリの言葉だと思います。

◆おいしい関係
作・槇村さとる(93年)。洋食店に就職したお嬢様・百恵が、厨房を舞台に、シェフの織田と愛を育んでいく物語。仕事にも恋にも前向きに生きる女性はいいものです。

◆affair
99年の映画『The End of the Affair』の邦題は『ことの終わり』となっていた。なんてことないケド、うまいね。

生徒諸君！

マイ　フェロー　ストゥーデンツ
My Fellow Students！

▶「fellow」は同輩を呼ぶときに使う言葉です。自分の聴衆に親しみを込めた言い方で、アメリカ大統領がテレビで挨拶をするときには、必ず「my fellow Americans」から始めます。「わが仲間よ」という感じですね。

▶そもそも、アメリカでは先輩・後輩という関係はあまり意識されません。特に大学生というのは、何歳になっても始められるもので、たとえば僕の大学での「近代詩人」の授業には、43歳の1年生もいたし、17歳の4年生もいました。ですから、学生が教授たちの前で自分の卒業論文を発表するときも、彼らに向かって「my fellow scholars」と言ってもかまいません。先生でも、学者として同輩ですから。

◆生徒諸君！
作・庄司陽子(74年)。聖美第四中学に転校してきた北城尚子(通称・ナッキー)と仲間たちの学園生活を描く長編少女漫画。悩みにぶつかり、それを乗り越えていく女性はいいものです。

Translating Comic Book Titles

同棲時代

Shacking Up
（シャッキング アプ）

▶「shack up」は、きっと50年前だったら「いやらしい」と言われるような言葉だったに違いありません。「shack」とは「おんぼろ小屋」のことで、「shack up」という熟語にすると「2人でぼろ小屋にこもる」という意味。つまり一緒に暮らすわけです。

▶難しいのは「時代」をどう訳すか、です。直訳すれば「era」ですが、『The Shacking-Up Era』と言うと、「世の中の誰もが一斉に同棲することにしたロマンチックな時代」のように聞こえてしまいます。

▶「時代」を表すのに、「stage」や「time」ではどうでしょう？「stage」は、一人の人間の人生における「時代」を示すので、『The Shacking-Up Stage』と言えなくもありません。しかし、アメリカ人が人生の「stage」について話すのは大概、困ったとき、つらいときです。何も形容しないで「he is going through a stage」(彼は今、あるstageの真っ最中です)と言うと、「あいつはいろんな問題を抱えているから、近寄るな。すぐキレるから」という意味になってしまいます。また、語感もよくありません(右欄参照)。

▶一方『The Shacking-Up Time』だと、「もう同棲する時間だよ」。あたかも「Dinnertime!」(飯の時間だよ！)と言っているような感じになってしまいます。

▶こういう場合、『Shacking Up』(動名詞の「同棲すること」)と言ったほうが題名らしい感じになります。ちょっとインテリっぽい映画ほど、好んで動名詞を使う傾向があるようです。(『Chasing Amy』『Waking Ned Devine』『Finding Forrester』)。樋口一葉の『たけくらべ』も英語では『Growing up』となっています。

◆同棲時代

作・上村一夫(72年)。70年代の若者気分を描写して、熱く支持された作品。今日子と次郎の暮らしは、貧乏で曖昧で純粋。ただし、この漫画をアメリカ人に説明して、ニッポンの若者の気持ちを理解してもらうのはムズカシイかも。アメリカでは14歳で同棲しようが、60歳になっても結婚せずに同棲しようが、まったくありふれた話なので、「青春期の2人だから同棲」というニュアンスはピンとこないだろう。

◆語感がよくない

「shack(ing) up」は名詞としても、動詞としても使える言葉なのだけれど、『The Shacking-Up Stage』と言うと、形容詞になってしまう。「同棲の時代」。そもそも動詞である「shack」をわざわざ動名詞の「shacking」にして、それから「shacking up」という進行形の意味合いにして、ハイフンでつないで今度は形容詞にしているわけで、もうリズムは滅茶苦茶。おまけに、普段なら進行形の言葉の次に形容されている単語がくるのに、ここでは熟語を使っているために「shacking」と「stage」の間に「up」が挟まれて、さらに不格好に……。

●寂しく吹き抜ける風の音は「ひゅううう」。英語では➡ fweeeeeee

漫画のタイトル、どう訳す？

江戸むらさき特急

ザ　イェド　パープル　エクスプレス
The Yedo Purple Express

▶直訳です。「特急」は「express」です。注意が必要なのは、ローマ字の表記。「江戸」は「Edo」ではなく、「Yedo」と書きます。「エド」ですね。ついでに、恵比寿ビールも「Yebisu」、つまり「ヱビス」。江戸時代には列車もビールもありゃしませんが。

罪に濡れたふたり

ア　カップル　ドレンチュウドゥ イン スィン
A Couple Drenched in Sin

▶いやん、ちょっと、この題名、いやらしいんだなあ。
▶「sin」は「罪」ですね。「drenched」は「びしょびしょに濡れた」。「濡れた」だけだと「wet」なのですが、なぜ「wet with sin」にしなかったかと言うと、それは僕が「wet with sin」という言葉を聞くだけで耳が真っ赤になり、もう恥ずかしくてたまらないからです。きわどいんですよ、「wet with sin」って。ためしに、アメリカの友人に「『A Couple Wet with Sin』というタイトルをどう思う？」と訊いたところ、「お前、そんなエロいことを言う奴だったのか？」とアキレられました。
▶「wet」は一般的に「濡れる」を表す言葉なので、「濡れること」が持つ様々なニュアンスが含まれます。よって「罪に濡れる」というと、お約束のいやらしい意味しか考えられません。
▶それに比べて「drenched」は、「浸される」とか、「骨まで濡れる」とか、もう体中が濡れているわけなので、そのいやらしいニュアンスをちょっと薄めます。この漫画は充分に官能的ではあるけれど、精神的に周囲の人々を傷つけるという意味でも「罪にびっしょり」なのだと思います。そこで、官能の意味に限らない「drenched」を使ってみました。

◆江戸むらさき特急

作・ほりのぶゆき(93年)。TV時代劇をネタに遊びまくっているギャグ漫画。時代劇と漫画という日本の2大文化を融合させた快(怪？)作。だからといって、普通のアメリカ人が喜ぶかどうかはビミョ～。

◆罪に濡れたふたり

作・北川みゆき(99年)。旅先で結ばれた香純と由貴。だが帰国後、2人は実の姉と弟であったことが判明する。許されない愛と知りながら、それでも2人は愛を育もうとする……。近親相姦という重いテーマに挑んだ少女漫画で、エッチなシーンもいろいろ。03年7月現在まだ連載中であり、いかなる結末を迎えるのか、まことに興味津々。

●ずぶ濡れになるほど雨が降る。「ザーザーザー」。英語では➡ Patter Patter Patter

Translating Comic Book Titles

瞬きもせず

<small>サンズ　ブリンキング</small>
Sans Blinking

▶『Without Even Blinking』と訳してもかまいません。この場合、「even」は「瞬きも」の「も」のニュアンスを表す副詞です。『Without Blinking』(瞬きなしに)という表現でもいいけれど、それだと、にらめっこでもやっている……とは思われないにしても、ちょっとカッコよさが失われます。

▶ただし、『Without Even Blinking』では少々カタめです。少女漫画のタイトルであることを考えれば、『Sans Blinking』といった洒落た訳はどうでしょう？　「sans」はフランス語で「～をせずに」「～なしに」を意味します。英語としても、「sans doute」(疑いなく)「sans ceremonie」(四角張らずに)、「sans pereil」(無比の)、など、多くの決まり文句が浸透しています。

風呂上がりの夜空に

<small>ザ　ナイト　スカイ　アフター　ア　バス</small>
The Night Sky, After a Bath

▶「風呂上がり」ですから、「just out of the bath」と、お風呂を上がったばっかりの状態を表現したいところです。でも、題名に使うには長すぎるので、「after a bath」と簡略化しました。

▶問題は、「夜空に」の「に」をどうしても表せなかったことです。『In the Night Sky, After a Bath』とすると、まるで「風呂から上がった自分自身が夜空にいる」ように聞こえてしまいます。そんな誤解を招かないようにするためには、『Looking up at the Night Sky, After a Bath』と言えばいいのですが、するとまたしても題名らしくない長さになってしまいます。

▶日本人には『The Night Sky, After a Bath』という訳を見て、まあそんな感じだね、と納得してもらえるのでしょうが、アメリカ人の僕にとっては、これはまだまだピンときません。なぜだろうと、この題名を何度も訳し直しているうちに、僕は大事な文化的事実に気がつきました。アメリカ人は、朝風呂なんだよ！

▶『シャワー上がりの暁』(The Sunrise After a Shower)と言ったら、やはり「ああきれいな題名だなあ」と思ってしまいますが、「風呂上がりの夜空」と言われてもなあ……。

◆瞬きもせず

作・紡木たく(87年)。かよ子は紺野に告白されるが、男の子と話すのにも慣れていない彼女は、うまく気持ちを伝えられない……。初々しい恋のドキドキ感が切ないほどに伝わって、心が洗われること確実。

◆sans

なぜ『Sans Even Blinking』と言わないのか。「sans」の決まり文句は、いずれも「sans + 名詞」という形である。その結果「even」の強調はなくなるけれど、その代わりにエレガントなフランス語の味が出る。少女漫画は形式も大事なのさ。

◆風呂上がりの夜空に

作・小林じんこ(84年)。高校1年生・辰吉と風呂屋の看板娘・もえのラブコメディーだが、周囲のキャラクター陣も魅力的。タイトルの元ネタは、RCサクセション『雨あがりの夜空に』だと思われる。

53

漫画のタイトル、どう訳す？

サルでも描けるまんが教室

ハウ トゥー ペン コミックス イーヴェン ア モンキー クッド ドロー
How to Pen Comics Even a Monkey Could Draw

▶「comics」。日本では、週刊誌の漫画のことではなく、単行本になっている漫画のことを指しますね。しかし英語だと、雑誌の漫画も、新聞の漫画も、単行本の漫画も、みんな「comics」です。ちょっとだけ区別があるとしたら、それは『サザエさん』のような、新聞に載るような短い漫画で、それらは「comic strip」「funnies」などと言います（もちろん「comics」でも可）。

▶ちなみに、テレビのアニメは決して「comics」と言いません。「cartoons」と言い、「carties」と略したりします。「animation」と言ってもいいのですが、一般的には「cartoons」です。

▶「how to」は日本語でも同じですが、説明書や入門書のことです。「ハウツーもの」ですね。英語の本の検索サイトで「how to」で始まる題名を検索してみたら、東京の人口を超えるような件数が出てきました。

▶「even」は「～でさえ」「～だって」、何かを強調したいときに用いる言葉です。ご存知のとおり、アメリカ人は何もかも大げさに言いたがりますね。上記の「東京の人口を超えるような件数」だって、ホントは3万2千件しかなかったんですけどね。

▶「そのぐらいのこと、俺だってわかる！」と退屈している読者はこう言いましょう。「Even I know *that*!」。

◆サルでも描けるまんが教室
作・相原コージ＆竹熊健太郎（90年）。漫画独自の表現方法からデビューの飾り方、さらにはアニメ化を経て漫画家とその作品が朽ち果てるまで、漫画に関するナニモカモを描いた労作。漫画文化の発達した日本ならではの作品といえよう。

空の食欲魔人

ボアレーシャス ディーモン アヴ ザ スカイ
Voracious Demon of the Sky

▶「voracious」は「食欲もりもりの」という形容詞です。よく比喩として使われ、「he is a voracious reader」（彼は飽くことなく読書しています）など、何か満たされない欲求を持っているさまを表わします。「Do you like studying English?」と問われたら、ぜひ「Voraciously!」と答えていただきたい。

▶「食欲」をそのまま訳すと「appetite」になりますが、ここでは「魔人」を形容する言葉としてもふさわしい「voracious」にしました。

◆空の食欲魔人
作・川原泉（83年）。パイロットの吉川と挿絵画家・一橋みすずは幼馴染みで……などと物語を紹介してもあまり意味のない漫画。独特のノリこそが面白いので、実際に読んでみてください。

COLUMN
面白かった日本の漫画

▶漫画は子供のものか？

「キャラクターの目や頭がやたらにデカくて、表情はいつもオーバーリアクションだ！」

これが、僕が「日本の漫画」について抱いていたイメージだった。実は、この本の仕事を引き受ける少し前まで、僕は日本の漫画をちゃんと読んだことがなかったのだ。日本人の友人たちがみんな普通に読んでいても、「漫画は子供のものだ」というアメリカのドグマをなかなか排することができず、活字ばっかり読んでいた。

友達から熱心に勧められて、初めて読んだ漫画は『ワンピース』だ。その第一印象はやっぱり「キャラクターの目や頭がやたらにデカくて、表情はいつもオーバーリアクションだ！」だった。でも、同時にこうも思った、「めちゃめちゃ面白いじゃん！」。

たちまち『ワンピース』を出ている全巻読破した僕は、続いて『ドラゴンボール』を読んだ。『Dr.スランプ』も『うる星やつら』も『ハロー張りネズミ』も『巨人の星』も読んだ。どれも面白かった。でも、最も感動した漫画をひとつ挙げるなら、それは『あしたのジョー』である。

▶『あしたのジョー』の感動

この作品を読んだときに覚えた感動は、初めて『スター・ウォーズ』を見たときのそれを超えていた。感動の理由を言葉にするのは難しいが、ひとつには、ジョーが実存していても不思議ではないほどに人間臭いということがある。

彼は「世界一のボクサーになってみせる！」といった大きな野望は持たないが、一方でプライドは高く、人前では決して涙を見せない。そもそもジョーは、いわゆる善人ではない。いや、少年院に送られてしまうくらいだし、強いて言えば悪い奴だ。

しかし、そこにこそ『あしたのジョー』の魅力がある。アメリカの漫画では、「善」と「悪」とがはっきり分かれていて、必ず正義が悪を滅ぼす。そして神からの褒美としてか、正義の味方は必ずかわい子ちゃんと出会うことになっている。

『あしたのジョー』はそうではない。ジョーは白木葉子とラブラブになるわけでもないし、最大のライバルである力石徹との関係は、どちらが「善」でも、どちらが「悪」でもない。「正義」など関係ない。あえて言えば力石のほうが「お人好し」に見えるのに、それでも主人公はジョーだ。両手ぶらり戦法に入るときの笑い方など不気味で仕方がないのに、気づいたら僕はジョーを応援している。

そこが感動的だった。ろくでなしを応援してしまっている自分に、感動したのだ。できるだけ多くのアメリカ人にも、こういう漫画を読ませたいなあ、と素直に思う。

カッコイイ言葉 ②

『サスケ』から、主題歌が始まる前の口上

光あるところ、影がある。
まこと栄光の陰に、
数知れぬ忍者の姿があった。
命をかけて歴史を作った
影の男たち。
だが、人よ。名を問うなかれ。
闇に生まれ、闇に消える。
それが、忍者のさだめなのだ。

Where there is light,
there is shadow.
And in the shadow of
glory's light⁽¹⁾ lurks
untold legions⁽²⁾ of ninjas.
But ask⁽³⁾ not their names,
my friend.
Born from shadows,
and disappearing back
into shadows—this is
the law of the ninja.

(1) gloly's light:栄光
　ここでは、「栄光」の「光」という文字のニュアンスを大切にしようと思うと、「glory」のみではもの足らず「glory's light」と訳しました。

(2) untold:語られぬ、legions:多勢
　この2つの言葉を合わせると「数知れぬ姿」。

(3) ask not～:～を問うな
　普段は、「Do not ask～」ですね。しかしここでは「問うなかれ」と、原文がちょっと昔風の表現なので、英語も昔の言い方である「ask not～」としました。有名なケネディーの言葉でも「Ask not what your country can do for you, ask what you can do for your country.」(国家が自分のために何をしてくれるのかを問うのではなく、自分が国のために何ができるのかを問うのだ)と、この言い回しが使われています。

Chapter4
語源は何だろう?

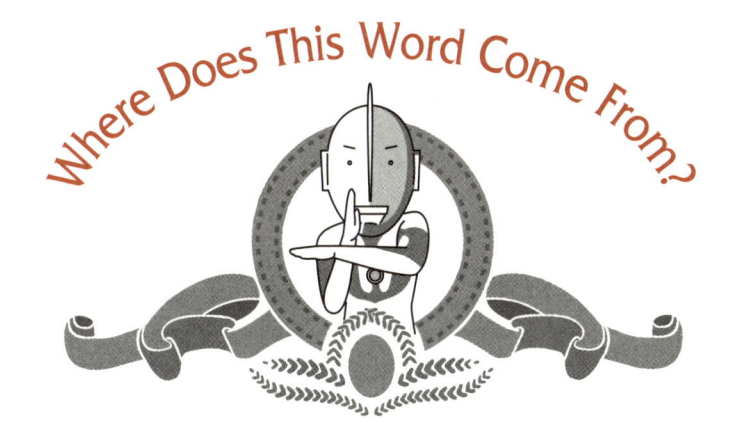

Where Does This Word Come From?

▶空想科学の世界では、実在する言葉を元にして、架空の言葉が新たに作られることがある。たとえば、バルタン星人。日本一有名なこの宇宙人の名は、世界の火薬庫・バルカン半島や歌手のシルビー・バルタンがその語源だといわれている。

▶もちろん、こういった場合の語源は、多くが外国語だ。そこで、英語を元にしていると思われる空想科学的ネーミングについて考えてみたい。語源はどんな意味で、なぜその言葉を用いたのだろう?

▶なお、解釈はすべて本書の著者・マットによるもので、番組製作者の意図とは違う場合もあると思われるので、念のため。

語源は何だろう？

スペシウム光線
推定表記 Specium Ray

▶「スペシウム」を英語で綴れば「specium」でしょう。もちろん、こんな言葉は存在しません。いかにもありそうな響きです。語源にまでさかのぼれば、ウルトラマンの必殺技の性質を明かすことができるのでしょうか？

▶近い言葉として思いつくのは、まず「specious」です。ところが、この言葉の意味は「カッコつけの」「見かけ倒しの」「猫をかぶった」……。あまりいいモノではありません。これは、ラテン語の「species」からきている言葉だからです。「species」は、今では「生物分類上の『種』」の意味で使われていますが、もともとは「格好」という意味だったというのです。

▶では「special」（特別な）はどうでしょう？ 辞書で調べてみたところ、これもラテン語の「species」から派生した言葉でした。ありゃりゃ、これでは「スペシウム光線」は、「カッコつけ光線」ということになってしまいそう……。マズイなあ。

▶ならば、「spectrum」（スペクトル）は？ 光線ですから、ひょっとしたら分光に何か関係があるかもしれません。ところが、「spectrum」の語源を調べてみると、なんと「specter」（幽霊）という言葉と同一で、その意味は「幻影」だったのです！ う～ん、あのカッコいい光線は、実は単なる幻影にすぎないとでもいうのでしょうか……!?

オキシジェン・デストロイヤー
推定表記 Oxygen Destroyer

▶これはもう、そのままの英語です。『ゴジラ』の劇中では「酸素破壊剤」と訳されていましたが、意味もそのまんま。「oxygen」は「酸素」で、「destroyer」は「破壊装置」といった意味です。

▶プロレス好きの日本の友人に聞いたのですが、その昔「ザ・デストロイヤー」というレスラーがいたとか……。

▶ちなみに、「destroyer」と呼ばれる兵器は実在します。それが破壊するのは酸素やゴジラではなく、敵の潜水艦や水雷艇。そう、英語で「destroyer」といえば、「駆逐艦」のことを意味するのです。考えてみれば、すごい名前ですね。

◆スペシウム光線
ウルトラマンの必殺技。巨大な怪獣を一撃で粉砕する強力光線だが、戦いの最初から撃つような野暮な使い方はしない。その点、『水戸黄門』の印籠によく似ている。

◆specious
少し古めの英和辞典などには「specious」の意味として、「見かけのよい」「美しい」などと書かれていたりするが、そういうニュアンスはもう何百年も前に廃れている。今は「ニセモノの」という意味合いしかない！

◆special
ラテン語はともかく、語源が英語の「special」だとすれば、「特別光線」といった意味になり、それなりに納得がいく。本当はここからきてるのかも。でも「specium」という言葉は、発音も綴りも「specious」により近いため、そちらが語源と考えたくなるのだ。

◆オキシジェン・デストロイヤー
54年の映画『ゴジラ』で、最後にゴジラを葬り去った武器がコレ。水中でこれを発動させると、溶け込んでいる酸素が破壊され、そこに棲む生物は死に至る。劇中、ゴジラは白骨化していたが、酸素が破壊されるとなぜ骨だけになるのかは不明。

◆駆逐艦
戦闘艦の一種で、哨戒から潜水艦攻撃までをこなす。日本の駆逐艦では「雪風」が有名。現在のイージス艦なども、駆逐艦の発展形。

Where Does This Word Come From?

インファント島

推定表記 **Infant Island**

▶映画『モスラ』の英語版でも、そのまま「Infant Island」になっています。「infant」とは、フランス語の「enfant」（発音は、アンファン）からきている英語で、本来の意味は「まだしゃべれない」すなわち「乳児」。まだ歩けず、言葉も発することのできない赤ん坊のことですね。直訳すれば「赤ちゃん島」でしょうか。そういえば、「インファント島」には小さな美人姉妹がいましたが、彼女たちはべらべらしゃべるだけでなく、見事なハーモニーの歌まで披露していました。

ミステリアン

推定表記 **Mysterian**

▶「～ian」で終わる言葉は、「～に住んでいる者」という意味なので、映画『地球防衛軍』に登場した宇宙人「Mysterian」とは、「ミステロイドに住んでいる者」を意味します。これと同様に、「カナダに住んでいる人」は「Canadian」、「フロリダに住んでいる人」は「Floridian」です。

▶ミステロイド自体は「mystery」（ミステリー）と「asteroid」（アステロイド）を元にした言葉でしょう。「asteroid」は「小惑星」「宇宙を漂う星の破片」のことです。ミステリアンの故郷である惑星は、核戦争によって滅びたということですから、バラバラの小惑星状態になったのかもしれません。つまり「mysteroid」とは「謎の小惑星」という意味合いだと思われます。

▶この『地球防衛軍』は、アメリカでは『The Mysterians』というタイトルで公開されました。

◆インファント島

61年の映画『モスラ』に登場する南海の孤島。モスラは、人々が平和に暮らすこの島で、守り神として崇められていた。昆虫をあまり手厚く保護すると、どんどん増えて大変なことになりそうな気もするケド。

◆ミステリアン

57年の映画『地球防衛軍』に登場する侵略者の名前。彼らミステリアンの母星・ミステロイドは10万年前に核戦争で滅亡！　生き残った連中は火星に暮らしていたが、やがて地球への移住を企てる……。

◆アステロイド

具体的には、火星と木星の間に浮遊する小惑星帯のことを指す。何億年も前に惑星が砕けたのだと言われている。劇中、ミステリアンは「ミステロイドは第5遊星」と言っているから、ミステロイドとはすなわち砕ける前のアステロイドという設定なのだろう。

●ヒーローが発射する光線の音「ビビビビ」。英語では➡ ZAP!

語源は何だろう？

ラドン

推定表記 **Radon**

▶ 映画によれば、「ラドン」とは翼竜「プテラノドン」の俗称だそうですが、「pteranodon」の語源なら簡単です。恐竜の名前はほとんど古代ギリシャ語からきていますので、非常に単純明快。「pter」とは「翼」のこと、「anodon」とは「歯がない」です。つまり「翼があって歯がない」という意味なのです。

▶ 英語では「プテラ」の「p」を発音しないので、「テラノドン」のような発音です。したがって、アメリカのアニメや漫画では、プテラノドンのキャラクターには必ずと言っていいほど「Terry」(人間の男の子の愛称)という呼び名が与えられます。

▶ では、「pteranodon」を「ラドン」と俗称するのはどうなのでしょう？ これ、微妙です。「ラドン」はどう考えても「radon」と綴りますが、「radon」とはラジウムの崩壊とともにできる放射性希ガスのことにほかなりません。地球のどこにでも存在するそうですけど、こいつは怖い。アメリカでは、タバコに次いで、肺ガンの原因とされている物質です。毎年2万人以上がラドンによる癌で死亡するというので、アメリカ環境保護局もバークレー大学やコロンビア大学も、ラドン被害を防ぐためにいろいろと研究や活動を行っているとか……。

▶ ところが、日本には「ラドン温泉」というものがあり、人々が気持ちよさそうに入浴しているというではありませんか！ 驚いて百科事典を調べてみると「温浴中の呼吸などによって、ラドンの適当量が人体の血液や組織内に吸収されると、新陳代謝が促進され、血液が浄化される」などと書かれています。う～ん、日米での、この著しい違いはいったい何なのでしょうか!?

▶ そのせいか、映画『ラドン』はアメリカでは『Rodan』(ロダン)という題名で公開されました。もちろん、怪獣の名前も「ロダン」。これは英語では何の意味もない、ただの名前です。健康を崩す恐れがないし、このほうが安心といえば安心。

◆ラドン

56年の映画『空の大怪獣ラドン』で初登場した怪獣。劇中では、学名を「プテラノドン」(白亜紀に栄えた翼竜)と紹介していたが、その大きさは7m程度。一方、怪獣ラドンは身長50mもあったり、超音速で空を飛んだりしていたから、とてもプテラノドンとは思えないのだが。

◆ラドン温泉

ラドンの元素記号はRn、原子番号は86。ラドン温泉の効能について調べてみると、だいたい次のようなことがうたわれている。「ラドンは無色無臭の気体で、自然界にも微量に存在する。イオン化作用が強く、水溶する安定した気体で、呼吸によって血液にも吸収されやすい。ラジウムからは放射線が放出されているが、人体に有害なベータ線、ガンマ線を遮蔽、アルファー線だけを抽出し、そこから生じるラドンを気体のまま浴槽へ送り込んだものがラドン温泉である。入浴すれば強い発汗作用が起こり、快い温感を覚える」。

● ハネを羽ばたかせる音「バサバサ」。英語では ➡

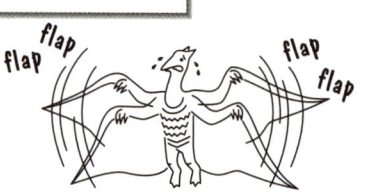

Where Does This Word Come From?

マーカライト・ファープ

推定表記 **Merculite Fop**

▶ 映画『地球防衛軍』に登場する、地球軍の切り札ともいうべき兵器が、マーカライト・ファープ。直径200mもあるような、巨大な熱線反射塔です。

▶「マーカライト」に近い言葉には、「mercur〜」(水銀の)があります。水星も、体温計の水銀柱も「mercury」と言います。この言葉の語源は、ギリシャ神話に登場する神・メルクリウスから。メルクリウス(元の名前はヘルメース)とは飛脚の神様で、誰よりも足が速い。星に神の名前をつけるのを好んだ古代ギリシャ人は、最も早く動いている(ように見えた)惑星「水星」にメルクリウスの名前をつけたわけです。水星は銀色に輝いて見えたため、そこから「水銀」も「mercury」となりました。

▶ 不思議でならないのは「ファープ」です。「fap」と綴りたいところですが、そんな単語はありません。もしも語源が「fop」だとしたら、これは大変。「fop」とは、もともと「まぬけ」という意味で、今に至っても多少「バカ」というニュアンスがあります。どういうバカかというと、自分の服装や髪型などをすごく気にしている、ちょっと気持ち悪い男のこと。電車を待っているときも、小さな鏡を取り出して眉毛を抜いているような……。

▶ というわけで、地球防衛軍の切り札「Merculite Fop」とはなんだかよくわからないけど「水銀のにやけた男」だったのだ! ミステリアンよ、かかってこい!

アナライザー

推定表記 **Analyzer**

▶「analyze」とは「分析・分解する」です。「〜er」を加えると「分析装置」となります。名前を見る限りあのロボットは、いろんなことを考えて、物事の基礎となる論理を見つける機械だということです。ロボットのくせに森雪にセクハラしていた奴のこととは思えませんね。

▶ しかし、語源的に言えば、「analyze」はラテン語の「ana」(全体的に)と「lysis」(緩めること)の合成語。ものを全体的にたるませることなので、彼の名前としては悪くないかもしれません。

◆ マーカライト・ファープ
巨大なパラボラ型兵器。パラボラなのになぜか光線を発射し、パラボラなのに、なぜか自走する。ビックリ!

◆ merculite
「merculite」という言葉は、もちろん辞書には載っていないが、アメリカの人気SFドラマ「スター・トレック」には登場する。悪い宇宙人が使っているミサイルの人工爆薬が「merculite rockets」と呼ばれていた。ただし、この言葉が『スター・トレック』に出てくるのは『新スター・トレック』78番目のエピソード「宇宙孤児 ジョノ」(90年10月放送)においてなので、ひょっとしたら『地球防衛軍』のこの言葉を元にしているのかも。

◆ ファープ
調べてみたところ、これは「フライング・アタック・ヒート・リジェクター」の頭文字だけを取った名称という説があるらしい。しかし「Flying Attack Heat Rejector」を略せば「Fahr」だ。しかも発音は「ファー」。いったいどうなってるんでしょう?

◆ アナライザー
『宇宙戦艦ヤマト』に登場するロボット。「ヤマトに乗艦させてくれ」と艦長に直談判してクルーとなっただけでなく、森雪のスカートをめくったり、挙句の果てには求婚までしていた。状況分析に加え、ヤマトの副操縦士という立派な役割もあったみたいだけど……。

語源は何だろう？

ドクター・フー

推定表記 **Doctor Who**

▶これはいかにも謎めいた名前ですね。「某先生」。この人物が登場する『キングコングの逆襲』公開の4年前から、イギリスでは『Doctor Who』という人気SF番組をやっていました。ひょっとしたら、そこから拝借した名前かもしれません。

X星人

推定表記 **X-ians**

▶「ミスターX」「スーパーX」「Xファイル」「X JAPAN」……。謎めいたものには「X」をつける習慣は、日本でも外国でも変わりません。たとえば「レントゲン」。英語では「**X-ray**」（X線）と言いますが、発見されたときには原理がまだわからなかったために、こう名づけられました。このように、未知のものに「X」とつけるのは、とても便利です。

▶英語では「ミスターX」のように、人間にもよく使います。女性の友達に彼氏ができたけど、その彼氏にはまだ会ったこともないし、詳しく話してくれないときなど、「ミスターXとはどうなの？」と言ったりする。つまり、「謎の彼氏とはどうよ？」ということです。

▶また「惑星X」（**Planet X**）という言い方も。昔から、冥王星の外側にもうひとつ惑星があるのではないか、という声が多かったので、この存在しているかどうかさえわからない謎の惑星のことを「Planet X」と呼んでいます。

▶それから、謎といえば最近はセックスのことまで「X」と呼ぶようになってきました。「**I X'ed her**」は、「彼女と寝たぜ」ということです。こういう意味での「X星人」も面白いかも。色っぽくて。

◆ドクター・フー
67年の映画『キングコングの逆襲』に登場する天才科学者。伝説の怪獣・キングコングを模して、メカニコングなるロボット怪獣を造る。絵に描いたような悪の科学者で、故・天本英世が怪演。

◆X星人
65年の映画『怪獣大戦争』に登場した侵略者。メンバーに一人だけ美女がおり、しかも彼女は地球人に恋をして、仲間を裏切るという、オトコにとって夢のような展開を見せる。

◆X線
1895年、W.C.レントゲンは、不透明体を通過する電磁放射線を発見、「未知の線」という意味で「X線」と名づけた。彼はこの功績によって、第1回のノーベル物理学賞を受賞。

◆ミスターX
日本語で「ミスターX」といえば『タイガーマスク』に登場した「虎の穴」の中堅幹部が有名。ちょびヒゲにシルクハットという怪しい紳士。

◆スーパーX
84年製作の『ゴジラ』に登場した、対ゴジラ兵器。

●円盤の浮遊音は「ファンファンファン」。英語では➡

WHIRRRRR!

WHIRRRRR!

Where Does This Word Come From?

Aサイクル光線車

推定表記 **A-Cycle Projector Truck**

▶「cycle」は、「bicycle」(自転車)、「recycle」(リサイクル)、「cyclone」(竜巻)など、くるくる回るものによくつけられる言葉。ギリシャ語からきているのですが、そちらでも「輪」「円」といった意味でした。これに忠実に考えれば、このAサイクル光線車自体が回っていることになりますが、そんなんじゃ何がなんだかワケわかんないですね。あるいは、周波数のことも「cycle」と言うので、この場合はそっちかもしれません。

▶ところで、ここでは「光線車」を「projector truck」と訳しました。日本語でも「プロジェクター」と言いますが、これは漢字で書けば「投光機」でしょうか。「projector」は「pro」(前へ)と「jacere」(投げる)の組み合わせに、装置を表す「〜or」(P22参照)を加えたものです。

▶では、「プロジェクト」の語源は何でしょう? 事業や計画、研究課題などのことを「project」と言いますが、これも「前へ投げる」という意味!? 実は同一の単語です。だからといって、投げやりなわけではありません。同じように仕事や課題を意味する「job」と比べてみると、よくわかります。「job」の有力な語源は「塊」や「コブ」を意味する「gob」で、要するにこの言葉は「義務」や「負い目」など、ちょっとイヤな雰囲気を漂わせているのです。一方「project」は、自ら選んだ仕事、好きでやっている仕事、没頭できるような仕事。つまり「前へ投げる」の「project」とは、前向きにやっていく仕事なのですね。日本で暴れる3匹の怪獣を倒そうとするのは、まさに没頭できそうな「project」ではありますまいか。

ホワイトベース

推定表記 **White Base**

▶これはシンプル。「base」は基地。「white base」は「白い基地」。実際は宇宙戦闘艦なので、「基地」という呼び名ではピンとこないかもしれませんが、ある集団が集まるところなら「base」と呼んで差し支えありません。ちなみに日本語と同じく、「base」の語源は「basic」(基本)と同一です。

◆Aサイクル光線車

映画『怪獣大戦争』に登場する兵器。各種怪獣図鑑によれば「X星人の嫌いな超音波を発信し、X星人が怪獣を操る電磁波を遮断する」のが、この兵器なのだという。わかるようなわからんような……。

◆cycle

昔のギリシャ人は「時間」というものも「cyclical」、つまり循環していると考えていた。確かに歴史は繰り返す。英語で「歴史は繰り返す」は「history is cyclical」。「history repeats itself」と言ってもかまわない。

◆ホワイトベース

『機動戦士ガンダム』に登場する宇宙戦闘艦。正式名称は、ペガサス級強襲揚陸艦「ホワイトベース」。敵のジオン軍は「木馬」と呼んでいた。

語源は何だろう？

ホバー・パイルダー

推定表記 **Hover Pilder**

▶「hover」とは、ハチのように空中に停止する、つまりヘリコプターのような飛翔をすることです。空中ではなく水の上ですが、ホバークラフトもそうですね。もともと中世英語の「hoven」からきていて、「とどまる」という意味だったそうです。

▶一方、「pilder」は難しい。調べてみましたが、英・独・仏・伊・西の各言語には存在しない単語です。音から見る限り、ラテン系の言語からきているのでしょう。すると考えられるのは、ラテン語の「pila」か「pilus」。前者は「柱」、後者は「投げ槍」です。ホバー・パイルダーは飛ぶ乗り物なので、どちらかというと「pilus」（投げ槍）なのでしょうか。

▶この「pilus」から発展した、現在の英語が「pile」です。意味は「杭」。そう、プロレス技の「パイルドライバー」は、相手を杭のように持ち上げて、脳天杭打ちをキメることからつけられた名称なのですね。そうすると「hover pilder」とは、「空中にとどまる杭」という、かなり強そうな意味を持つことになります。

◆ホバー・パイルダー

『マジンガーZ』で、主人公・兜甲児が乗り込む小型ヘリコプター（みたいなモノ）。これがマジンガーZの頭部に合体することで、Zの操縦は可能になる。合体時のかけ声は「パイルダー・オン！」。当然、合体を解除する際には「パイルダー・オフ！」と叫ぶのであろう。

ルストハリケーン

推定表記 **Rust Hurricane**

▶マジンガーZの口（にあたる部分）から酸を噴霧して、敵のロボットを溶かす。それが「ルストハリケーン」という技です。

▶「hurricane」は簡単、大西洋の台風のことですね。もともと西インド諸島の先住民の言語・タイノー語からきたものですが、スペイン語では「大風」という意味だったとか。

▶しかし「ルスト」とは？　音的には「roost」と綴りたくなるのですが、「roost」は「鳥の止まり木」です。止まり木なんぞ、ハリケーンに当たったら鳥ごと吹き飛ばされますね。それに、ロボットの口から出る酸の嵐と、どう関係あるのか全然わかりません。

▶おそらく「ルスト」は、英語の「rust」じゃないでしょうか。だとすると、発音は「ラスト」で、「錆」のことです。「錆」の原因は「酸」ですからね。とはいえ、敵の機械獣を溶かし切ってしまうほど強力な攻撃に「rust」なんていう言葉を使うのは、控えめすぎるというものです。

◆タイノー語

別名・アラワック語。これを話していた「タイノー人」は、ほとんどがスペインからの略奪者によって滅ぼされた。カリブ海の「ハリケーン」を見たことのなかったスペイン人たちは、タイノー語の言葉を借りたのである。

◆ハリケーン

「hurricane」というのはカリブ海の台風であって、「typhoon」がアジアの台風。両者は使い分けをしなければなりません。つまりマジンガーZがこのワザを日本で使うとしたら「rust hurricane!」ではなく「rust typhoon!」と言うべきなのだ。

Where Does This Word Come From?

ブレストファイヤー
推定表記 Breast Fire

▶「breast」は「胸」。もともとは女性の胸を表していたらしく、「膨らむ」という意味がありました。今でも、この言葉は主に女性の乳房を意味します。

▶ただし、昔は男の胸にも「breast」を使っていたようです。小さい頃、僕は『旧約聖書』のなかに「breast」という単語を見かけて「おー！」と喜んだのですが、すぐに「な～んだ、男の胸じゃんかよ」と気づいて絶望し、不信心に陥った記憶があります。

▶現代では、男の胸は「chest」と言います。この言葉にはほかに「箱」や「たんす」という意味を持ちますが、胸とは「心」を包む箱だから、胸のことも「chest」なのです。したがって「胸毛」は「chesthair」。ここは気をつけてくださいね。「breasthair」なんて言ったら大変だ！　ものすごく毛深い女性がいるみたいに聞こえてしまいます！

▶さてマジンガーZはどちらかといえば「男性」のロボットなのに、どうして「breast fire」と言っているのでしょう？　このロボットを作った博士が勘違いしたのでしょうか？　たぶんそうではなく、「chest」より「breast」のほうが『旧約聖書』のような重厚な雰囲気が出るし、音的にも「chest」より迫力があるからでしょう。ノリですよ、ノリ。

ジェットスクランダー
推定表記 Jet Scrander

▶これは「scram jet」（スクラムジェット）からきている名前でしょう。「scram jet」とは、次世代の飛行機用に実用化が検討されているエンジンです。これが実現できれば、マッハ6～10で飛ぶ旅客機が誕生することになるでしょう。

▶「scram」というのは面白い言葉で、「とっととうせる」「あっという間にずらかる」という意味です。命令形で「Scram!」と言うと、「うせろ！」ということです。もともとは「scramble」の略語で、これは本来「どたばた焦る」という意味の擬態語でした。そこから、ぐちゃぐちゃに焼いた炒り卵を「スクランブルエッグ」と言うようになったのです。

◆ブレストファイヤー
マジンガーZの必殺技のひとつ。胸から3万度の高熱を発して、敵の機械獣をドロドロに溶かす。

◆「男性」のロボット
光子力研究所の弓教授は、アフロダイAなど明らかに「女性」のロボットも作っていた。俗称・おっぱいミサイル（P29参照）を搭載していたところなどを見ると、ロボットにもきちんとした性別があるのかもしれない……。

◆ジェットスクランダー
マジンガーZに取りつけるパーツ。乱暴に言えば巨大な翼で、Zはこれを装着すれば、空を飛べるようになる。自動車や新幹線の車両にもつければ便利だと思う。

◆スクラムジェット
正しく言えば「Supersonic Combustion Ramjet」を略したもの。もちろん「scram」という言葉に引っかけた略称なのだろう。

語源は何だろう？

ギャラクティカ・マグナム
推定表記 Galactica Magnum

▶「galaxy」は「星雲」。由来はギリシャ語の「gala」(乳)ですが、天の川(銀河)を乳に例えることから「星雲」という意味を持つようになりました。「galactic」はそれの形容詞、つまり「星雲のような」。いわば「宇宙的」ということ。そして最後に「〜a」をつけると、また名詞になって、「宇宙的なもの」を意味します。

▶「magnum」というとマグナム弾をイメージする人が多いでしょうが、もともとは「普通の酒瓶(ワインボトル)の2倍も入る瓶」のこと。「magni」(拡大する)という言葉からきているので、「より大きい」というニュアンスです。アメリカには「magnum」というブランドの、僕の腕ぐらい太いマジックペンがあります。

▶ただし、上には上が。4倍大きな酒瓶は「jeroboam」と言うし、8倍だと「methuselah」、16倍だと「bolthazar」……。とはいえ「magnum」ほど一般的な単語ではありませんが。

▶いずれにせよ、この必殺技は「太く宇宙的なパンチ」という意味のハズです。

ファイヤーマン
推定表記 Fireman

▶「ファイヤーマン」って、ヒーローの名前!? いや、これはどう考えても、消防士のことに違いありません。「fireman」は消防士、「firetruck」は消防車、「firehouse」は消防署、「firehose」は消火ホース、さらに「firedog」は、なぜかダルメシアン犬と相場が決まっているのです。

▶しかし、冷静に考えれば、英語のほうがおかしいような気もします。「火の男」はどちらかというと「放火魔」ではありませんか。「消防士」なら、「waterman」(水の男)と言っていただきたい。

▶調べてみたところ、ニューヨーク市(当時はニューアムステルダム)に誕生したアメリカ最初の消防士は、「prowlers」(うろつく者)と呼ばれていたそうです。夜中に街を泥棒並みに静かにパトロールしていたから……らしいのですが、今や「prowler」と言ったら単なる「泥棒」の意味です。正式に「fireman」となったのは、1737年のことだそうです。

◆ギャラクティカ・マグナム
ボクシング漫画『リングにかけろ』に登場する必殺パンチ。原理その他は不明。

◆galactica
本文を補足しておきたい。「galactica」は「星雲風物」とでもいった意味合い。「星雲から来たようなもの」とか「星雲で見かけるようなもの」とか。似た例を挙げるなら、「Americana」という言葉があるが、これは「アメリカ的な風景」とか「アメリカに関する文献」という意味。ラスベガスのカジノでカウボーイの格好をした同性愛者のカップルとカトリックの神父が仲よく話しているのを見かけた場合には、「やあ、これは実にAmericanaだなあ」と思えばよろしい。アメリカに関する雑誌も「Americana」と言うし、日本に関する雑誌は「Nipponica」。アメリカには『Monumenta Nipponica』という日本研究の雑誌も実際にある。

◆ファイヤーマン
『ファイヤーマン』に登場する正義のヒーロー。ファイヤーマンの正体は、地底の世界からやってきた岬大介なのだが、彼の地底人としての本名は「ミサキー」。うわ〜、そのまんまだ。

Where Does This Word Come From?

仮面ライダーストロンガー

推定表記 Masked Rider Stronger

▶「stronger」とは「より強い」。7人目の仮面ライダー「ストロンガー」は、以前のライダーたちよりも強い、と言いたいわけですね。気持ちはわかります。

▶ただし、「stronger」は仮面ライダーを形容しているわけですから、「Stronger Masked Rider」と言ったほうがよろしい。それに「〜Rider Stronger」と並べると、両方の単語が「〜er」で終わっていて、耳障りがよくありません。たとえば日本語で「源頼義より良し」と言っているような感じでしょうか。

▶歴代の仮面ライダーより強い、と言いたいのであれば、最初から「strongest」と最上級を使ったほうが明快だと思います。まあ、先輩ライダーたちに対する遠慮があったのかもしれませんが、それは比較級を使った時点で同じだし……。

仮面ライダースーパー1(ワン)

推定表記 Masked Rider Super 1

▶これも「仮面ライダーストロンガー」と同じく、形容詞が名前の後にきています。「Super Masked Rider 1」と言うなら、「super」がこの仮面ライダーの素晴らしさを表すのですが、「Super 1」だと「1」を形容してしまいます。「super」とは「〜の上」「〜より上位にある」という意味ですから、つまり「1より上」。それって「2」のことかしら？ だったら「仮面ライダー2」と言っちゃう手もありますが……。

◆仮面ライダーストロンガー
仮面ライダーの第7号で、カブト虫のパワーを持つ電気人間。城茂がブラックサタンの改造手術を受け、体内に強力な発電装置を埋め込まれ、生まれた。相棒に電波人間タックルという女性ファイターを伴っており、その点では他の仮面ライダーより確かにスゴイ奴といえる。

◆仮面ライダースーパー1
『仮面ライダースーパー1』の主人公。彼は本来、将来の惑星開発を目的に作られた改造人間の第1号だったという。ショッカーなどに無理やり改造された先輩ライダーとは境遇が違うのだ。

◆仮面ライダー2
そんなの名乗ったら、2号ライダーに叱られますね。すいません。

●キックが当たった衝撃音「バキ！」。英語では➡

語源は何だろう？

ディファレーター光線

推定表記 **Differator Rays**

▶ウルトラ一族に超能力をもたらした光線の名前です。ピンとこない人は、右欄の注釈をお読みください。ウルトラマンたちも苦労したことが〜くわかります。

▶さて、「**differator**」とは架空の言葉ですが、パッと見でわからなくはありません。「**differ**」は「異なる」という自動詞です。そして「**〜ate**」は、しばしば自動詞のお尻につく言葉で、「〜させる」「〜にする」という意味を作ります。したがって「**differ**」と「**〜ate**」を合わせると、「異ならせる」「違うカタチにさせる」、いわば「変身をさせる」という意味になるわけです。最後に「**〜or**」がつくので、この言葉は名詞化して、「変身をさせるもの」となります。この光線を浴びたウルトラ族が一変したのも当然ですね。

ガッツ星人

推定表記 **Guts Alien**

▶いかにも紋切り型のイメージですが、そもそも「宇宙人」といえば、僕は『エイリアン』や『スター・ウォーズ』に出てくるような、醜悪かつ爬虫類的な生物をつい思い描いてしまいます。"星人差別" は避けなければなりませんが、そのうえ、こんなふうに「**guts**」という名を宇宙人につけると、「度胸」という意味よりも、本来の意味である「はらわた」を連想してしまうのです。どうしても頭に浮かぶのは、皮膚が透明で内臓が丸見えになっていそうな、いわゆる「気持ち悪い宇宙人」。……モツというか、いわば焼き鳥星人ですね、これは。

▶日本語で「ガッツ」といえば、もっぱら「根性」や「元気」を意味しますから、「はらわた」には違和感があるでしょうが、「肝」や「腹」と考えれば、理解しやすいはず。「根性」は腹を据えないと発揮できませんよね（詳細は右欄参照）。

▶「**gut**」を動詞として使う場合（**I will gut you!**）、「はらわたを抜いてやる！」という意味になります。不思議なことに、「**gut**」の由来は、「突風」の「**gust**」と同じ。「注ぐ」とか「流れ出る」という意味合いだそうですが、なぜ「流れ出る」が「はらわた」になったのかはご想像にお任せいたしましょう。

◆**ディファレーター光線**
各種怪獣図鑑では、ウルトラ一族の誕生秘話を次のように伝えている。26億年前、ウルトラの星の太陽が爆発してしまった。暗黒の世が訪れたが、ウルトラの人々は人工太陽の建設に成功する。喜んだのも束の間、ある日その人工太陽も大爆発、一面にディファレーター光線が放たれた。ところが、これを浴びたウルトラ人たちは、なんと以前よりも強靭な体になってしまったのだという。この偶然を喜んだウルトラの長老たちは、他のウルトラ星人にもこの光線を浴びせ、その結果超人的な能力を持ったウルトラ一族が誕生した……というわけ。

◆**ガッツ星人**
『ウルトラセブン』に登場した侵略者。セブンを磔にするなど、なかなかいい線まで追い込んでいた。

◆**guts**
精神的な意味での「腹」を表現する言い方もいろいろある。たとえば「彼は肝が小さい」なら「**he has no guts**」。「腹の中（の思い）を吐き出す」は「**spill one's guts**」。また、「勘」という意味もあり、「**gut feeling**」（腹の気持ち）とは、なんとなく感じ取った感覚のこと。言葉にすることができないが、腹の中ではわかるというか……。「**gut reaction**」なら、反射的な反応、つまり深く考えず反応すること。

Where Does This Word Come From?

宇宙竜ナース
推定表記 **Space Dragon Nurse**

▶「ナース」と発音する場合、「narse」「nass」「noss」「nerse」「gnoss」など、いろんなスペリングが可能です。ところが、『ウルトラセブンベストブック』(竹書房)には、宇宙竜ナースの英語表記として「nurse」と明記してありました。「nurse」、すなわち「看護婦さん」です。全長120mもあるこのロボット怪獣も、点滴を入れたり、食事を運んできたり、かわいらしい白衣を着たりするのでしょうか!?　よくわからないけど、なんか癒し系でほのぼのしますね。

▶語源をさかのぼっていけば、「nurse」はラテン語の「nutrire」(食わせること)からきています。この宇宙竜は、治療だけでなく、おもてなしまでやってくれるのかも……。

◆宇宙竜ナース
『ウルトラセブン』に登場したロボット怪獣。金色に輝くメカニカルなドラゴンで、その全長は120m。トグロも巻ける。

チャンドラー
推定表記 **Chandler**

▶「Chandler」は、一般的な苗字です。子供の頃、僕の近所にもいました。気が弱いけど、とてもいい奴でした。

▶英語の場合、名前の由来は職業からくることが結構あって、「Smith」(製作者)とか「Wright」(大工)とか「Potter」(陶工)のように、商売の名前がそのまま苗字に転化した例がたくさんあります。「Chandler」も同じで、「蝋燭屋」のことです。さて、この怪獣は、どんな攻撃をしてくるのやら……?

◆チャンドラー
『ウルトラマン』に登場した怪獣だが、明らかにレッドキングの引き立て役だった。番組開始早々に羽をもぎ取られ、アッという間に退場……。なので、どんな怪獣なのか、実はよくわからない。

ウー
推定表記 **Woo**

▶「Woo」の由来が英語なら、この怪獣はタダモノでないでしょう。「女を口説く」とか「結婚を申し込む」という意味の「woo」を怪獣につけると、大変なことになりかねません。ところかまわず女に口をかけてまわった挙句、怪獣を好まぬ地球の女たちに対する怒りが爆発し、大暴れするのは当然至極でありましょう。……え?　「ウー」は、少女を守ろうとする幻想的な怪獣?　う、う〜ん(←シャレ)。

◆ウー
『ウルトラマン』に登場した伝説上の怪獣で、ある少女を守るために現れる。彼女の死んだ母親の霊が乗り移ったともいわれているらしい。

語源は何だろう？

スカイドン

推定表記 **Skydon**

▶怪獣の名前には「ドン」で終わるものがやたら多いですね。日本語で考えられる「ドン」は、「丼」とか「鈍」とか、まったく怪獣らしくない言葉ばかりですが、英語なら納得がいきます。恐竜の名前によくついている「〜don」ですね、イグアノドンとか。

▶これらの「don」とは、古代ギリシャ語で「歯」のことです。「orthodontist」(歯科矯正医)とか「dentist」(歯科医)の「don」や「den」もここからきているのです。

▶すると「Skydon」とは？ 意味としては、明らかに「空の歯」になりますが、いったい何のことでしょう？ 空の歯って、入れ歯のコト？ ──などと悩んでいたところ、『ウルトラマン』に詳しい日本の友人が教えてくれました。空からド〜ンと落ちてきた怪獣だから、「スカイドン」！ ……おみそれいたしました。

◆スカイドン
『ウルトラマン』に登場したメガトン怪獣。その体重は、なんと12万t。こんな奴がなぜか空から降ってきて(理由は劇中でも明かされない)、ノシノシ歩き回り、地球は大迷惑……というストーリーだった。

◆「丼」とか「鈍」とか
ほかには、西郷どんとか。あ、でもこれは「殿」の鹿児島的表現だから、違うか。

パンドン

推定表記 **Pandon**

▶この名前は、いろんな解釈が可能です。「don」は歯なので、「平鍋」の「pan」だったら、「フライパンのような歯」ということだし、カメラを左右に移動して撮影する意味の「pan」なら「パノラマのように広がる歯並び」でしょう。また、本来のギリシャ語の「pan」には「すべて」という意味があるから、「すべての歯」つまり虫歯がまったくない様子を表します。なんて健康的な怪獣だっ！

◆パンドン
『ウルトラセブン』の最終回に登場した強力な怪獣。本文では「パンドン」という名前の語源をいろいろ考えているが、放映時には「バンドン」と呼ばれていた、という説もあるらしい。だとすれば、左の本文はムダでマヌケな原稿になります。

テレスドン

推定表記 **Telesdon**

▶「Telesdon」は、おそらく「telescope」(望遠鏡)の「teles」からきているのではないでしょうか？ こいつは地底怪獣なので、地面から潜望鏡のようにヌッと顔を出し、あたりの様子を探るに違いありません。おお、納得がいくじゃん！

▶ただし、前2つの怪獣と同じように、「don」は「歯」です。そして「tele」は本来「遠い」という意味を表しますので、合わせると「歯が遠い」という不思議なネーミングになってしまいます。

◆テレスドン
『ウルトラマン』に登場した地底怪獣。地下4万mで地底人と共に暮らしていたが、地上に出てきたところを、ウルトラマンにボコボコにぶん投げられて敗れた。

Where Does This Word Come From?

ペスター

推定表記 **Pester**

▶ 油獣ペスターは、ヒトデをモチーフにデザインされているようですが、「ヒトデ」は英語で「starfish」。よって「ペスター」の語源は、そのまんまの英語「pester」ではないでしょうか。これは「(人を)からかう」「うるさくして困らせる」といった意味の言葉です。確かにこの怪獣は困った存在でしたが、あまり強くはなく、ウルトラマンが登場する前に科学特捜隊に倒されていました……。

▶ 「pest」の語源はラテン語の「pestis」(疫病)で、中世にヨーロッパの人口を3割減らした腺ペストもこの「pest」です。

アイアンロックス

推定表記 **Iron Rocks**

▶ 英語には、単数形と複数形では意味がまったく異なる言葉がたくさんあります。「glass」はガラス製のコップのことなのに、「glasses」は眼鏡。「boxer」は拳闘家のことだけど、「boxers」は下着。数に気をつけながらしゃべるのは英語の要なのだ!

▶ さて、怪獣アイアンロックスです。その名前が「rocks」ではなくて「rock」だったら、「鉄の石」という意味が無事に伝わります。しかし、あくまでもアイアンロックス。なぜか複数の石を指す「rocks」になっているのですが、複数の石といえば「金玉」にほかなりません。おまけに「鉄の金玉」。なんと強そうな怪獣でありましょう!

ダリー

推定表記 **Dally**

▶ 宇宙細菌ダリー。こいつはきっと、意気揚々とした細菌です!

▶ 普通、「細菌」というと、ペトリ皿の中でおとなしく培養される不気味な微生物のことですが、このダリーという奴はもっとずっと社会性や精力を身につけているはずです。なぜなら、「dally」という言葉は「気楽に恋をもてあそぶ」とか「ふざけ合う」とかいう意味。地球のオタクっぽい細菌と違って、こいつはいつも女の子といちゃついているのでしょう。セブンよ、退治しろ!

◆ペスター
『ウルトラマン』に登場したオイル怪獣。タンカーを襲ってオイルを飲むくせに、石油コンビナートに上陸し、火を吐いて暴れていた。危ないっつうの!

◆pest
現在の英語では「害虫・害獣」「厄介者」などの意味を持つ。もちろん、いわゆる「ペスト」という意味もある。

◆アイアンロックス
『ウルトラセブン』に登場したロボット怪獣。海底に眠る船の残骸が集まったもので、大和型戦艦の主砲まで搭載しており、非常に厄介。

◆ダリー
『ウルトラセブン』に登場した宇宙細菌で、若い女性の体内に棲みついた。ほらね、女好きの細菌だ!

COLUMN
言葉にこだわると得をする？

▶**ファーゴ家の食卓**

あらゆる家庭には、それぞれにこだわる何かがあるはずだ。ある家庭は「食べ物」に対してうるさいだろうし、「どこのサッカーチームを応援しているか」を何よりも気にする家庭もあるだろう。その点、僕の家は独特だった。マニアックなことだが、「言葉」に対するこだわりが尋常ではなかったのだ。それも、誤った文法や下品な言葉遣いを直すというような教育的かつ前向きな指導が行われていたのではない。誰もがオヤジギャグを非人間的なペースでぶっ放していたのである。その多くは、語源に基づくギャグ。奇習と言うほかないだろう。

たとえば、こういう場面は珍しくない。ファーゴ家の全員が食卓についてスパゲティーとアボカドサラダを食べていると、いきなり姉がニヤリと笑う。家族がその意味ありげな顔つきに気づくと、姉は待ってましたとばかりに口を開くのだ。「あのね、『パスタ』という言葉は、『糊』を意味する『paste』からきているらしいんだけど、ママのパスタときたらホントにノリみたいに無味だわ」。

それを聞いた親父は、怒るどころか、満面の笑みを浮かべて、こう言う。「このアボカドサラダの『アボカド』というのは、実はアステカ語の『ahucatl』からきているんだが、初めてこの言葉を聞いたスペイン人の連中は何のことだかわからなかったらしいんだな。そこで、発音がよく似たスペイン語の『アボガド』――英語の『advocate』と同じ語源の言葉で『味方』という意味なんだけど――を当てはめた。ところが、アステカ語で『ahucatl』というのは、なんと『キンタマ』という意味だった！　つまり、お前たちはキンタマサラダを食っているんだぞ」。

これに対して、母親はどうしたか。彼女は怒った顔など微塵も見せず、「あら。『サラダ』(salad)という言葉は、塩を表す「salt」が語源なんだけど、じゃあ私たちは皆してキンタマの塩を食べているのね！　ウフフフ」と喜んでいる……。

くだらないと言えば、実にくだらない。まあ、キンタマの「testicle」は、なぜか「証言する」の「testify」からきているらしいのだが（男であることを証言しているからか？）、こういう会話はわが家のアホらしさの証言にほかならないだろう。正直言って、高校時代は女の子を家に招くのが恥ずかしくてたまらなかった。

いずれにせよ、僕はこういう家庭に育ち、案の定と言うべきか、言葉に興味を持つようになったのである。ああ、家庭環境の恐ろしさよ！

しかし、僕があまりにも言葉にこだわるためか「そんなことして、何の役に立つんだ？」と、しばしば聞かれる。メチャメチャ役に立つのだが、なぜわかってもらえないのか。仕方がないので、役に立った例を挙げることにしよう。

▶難解な言葉を推測すると……

数年前、アメリカの外交委員会会長のジェシー・ヘルムズが「包括的核実験停止条約」に批准しないことを決めた。これはいかにもアメリカ的な（すなわち一方的な）外交だったので、新聞記者たちはこぞって「なぜ批准に反対したんです？」と質問した。すると、ヘルムズ会長は平然たる口調のまま「私のfloccinaucinihili-pilificationで驚いているのですね」と答えたのだ。

なんというわけのわからない外交に、わけのわからぬ単語！　その言葉の意味を知っている新聞記者は一人もおらず、語源から推測するしかなかったのである。

こんなとき、言葉に興味があると非常に便利だ。つまり、僕はこう考えた。

最初の「flocci」は「floccus」などと同じ由来で「ふさ毛」。主に「ふわふわとした無意味なもの」を言うときに用いられる。次の「nauci」は「無益」。「nihil」は日本語の「ニヒル」と同じで「無」の意味。そして「i」を挟んで続く「pili」は「毛」を意味する「pilus」の複数形。ラテン語では「くだらないもの」の意味で使われる。

これに接尾辞の「～fication」（～に化する）を加えると、要するに「無意味・無益・ニヒル・くだらないものにする」となる。つまりヘルムズ会長は、単に「私が（その条約を）くだらないと思っているので驚いてるのですね」と言っただけだったのだ。もったいぶって、そんなくだらないことを言ったのか！

言葉に興味があると、こういうときに心から腹を立てられるのだ。……って、そんなのうらやましくない？　だとしたら、もうひとつの利点。それは、この『空想英語読本』が書けたということであろうか。まあ、売れてくれれば、なお嬉し。

●タイヤが回転する「ゴロゴロゴロ」。英語では ↑

カッコイイ言葉 ③ 『機動戦士ガンダム』から、オープニングナレーション

人類が増えすぎた人口を宇宙に
移民させるようになって、
すでに半世紀が過ぎた。
地球の周囲の巨大な人工都市は、
人類の第2の故郷となり、
人々はそこで子を産み、育て、
そして死んでいった……。
宇宙世紀0079。
地球から最も遠い宇宙都市サイド3は
ジオン公国を名乗り、
地球連邦政府に独立戦争を挑んできた。
この1カ月余りの戦いで、
ジオン公国と連邦軍は、
総人口の半分を死に至らしめた。
人々は、自らの行為に恐怖した……。

It has been over half a century since man began migrating into outer space due to[1] overpopulation. The gigantic manmade cities around the Earth have become like a second home for mankind, where people have children, raise families, and die... It is the 79th year of the Galactic Century. Cide 3,[2] the furthest[3] space-city from the Earth, wages[4] a war for independence with Earth's Federation Government, calling itself "The Dominion of Zion." In just one month of fighting, both Zion Park and the Federation loose half of their populations. People are aghast[5] at their own deeds.

(1) due to：〜のため
　　ここでは「人口過剰のため」
(2) Cide 3：サイド3
　　「サイド3」を「Side3」と表記すると、「3面目」なんていう意味になってしまいます。そんな変な名前、都市にはつけませんよね。したがって、スペルを変えて、「Cide」と、ちょっと名前っぽくしました。単語としては存在しませんが、語源的には「殺し」という意味です。
(3) furthest：farの最上級
　　farthestとも書く。
(4) wage：遂行する
　　名詞だと「お給料」のことです。お給料のと戦争を遂行するのとに、いったい何の関係があるのか、僕にはよくわかりません。労働闘争からきてるのかしら？
(5) aghast：恐怖にとらわれる
　　「恐怖」と「びっくり」を兼ねた感情。

Chapter 5
空想科学の重要構文

Dream Science Sentence Construction

▶空想科学世界の住人たちは、並外れた行動力を持っている。極端なミニスカート姿で格闘したり、新聞を読ませるだけで命を縮めたり、恐竜が帝国を作ったり、2万年も生きてみたり……。なかには地球を作った人までいたりもする。もうなんでもアリなのだ。
▶そんな彼らの行いを役立てない手はない。この章では、空想科学世界の印象深い出来事を英語で表現してみよう。
▶なお、コーナータイトルは「重要構文」としたが、これは必ずしも「英語を覚えるうえで重要」というだけではない。「空想科学の世界において重要」でもあるので、どうか笑ってご理解を。

空想科学の重要構文

地球を作ったのは、アース様です。

It was Lord Earth who created the world.

この文章のポイント

▶「アース」はおそらく「Earth」だと思うのですが(でなければ、お尻の「ass」!?)、「Earth」とは「地球」のことなので、そのまま訳すと「It was Lord Earth who created Earth」(地球を作ったのは地球様だ)というワケのわからない文になってしまいます。混乱を避けるために、ここは「the world」を使いましょう。
▶「who」は関係代名詞。代わりに「that」を使ってもかまいません。

言葉の解説

◆**Lord：統治者、神**
一神教では「神」を指し、多神教の場合は「～様」と、神仏の名前に加えて用いる。「大黒様」と言うなら「Lord Daikoku」。イギリスでは、貴族の長男のことを「Lord」と言うこともあるが、敬語のつもりで普通の人を「Lord ～」と呼んだら、それはバカにしているとしか思われないので要注意。

◆**アース様**
『マグマ大使』では、アース様は地球を作り、地球の動物を作り、正義の味方・マグマ大使を作ったとされていた。なぜか植物は作らなかったらしい。アース様はゴアの地球侵略阻止に活躍し、番組の最終回で死亡した。享年46億以上。これを大往生と言わずして何と言おう。

ムーミンはカバではありません。カバに似ているだけです。

Moomin is not a hippopotamus. He merely resembles one.

この文章のポイント

▶「merely」は「ただ～にすぎない」。「just」や「only」と同じです。「あなたはただの子供だ」と言う場合は、「You are merely a child」「You are just a child」「You are only a child」のどれを使ってもニュアンスは変わりません。
▶反対の使い方もあります。「not merely」で「ただの～でない」という意味に。「Darth Vader is not merely Luke Skywalker's enemy. He is also Luke's father.」(ダース・ベイダーはルーク・スカイウォーカーの敵であるだけではない。彼はルークの父親でもある)。

言葉の解説

◆**hippopotamus：カバ**
「hippopotamus」は、よく「hippo」と略する。同じく「rhinoceros」(サイ)は「rhino」。一方「象」は通常「elephant」だが、カバやサイを含めた厚皮動物を指す「pachyderm」という言葉が、しばしば「象」の意味でも使われる。ディズニーアニメの『ジャングル・ブック』の中では、象の軍団は「Pachyderms on Parade」という歌を歌っていた。

◆**resemble：～に似る、～に似ている**

◆**カバではありません**
では何なのかというと、「ムーミントロール」という妖精なのだそうだ。ホントかなあ。

Dream Science Sentence Construction

バトルフランスの得意技は、なぜかフラメンコを利用した攻撃です。

For some reason, Battle France's special move is an attack that utilizes Flamenco dance.

この文章のポイント

▶「special move」は「得意技」。「ワザ」は、日本の漫画やアニメには欠かせないけど、英語では馴染みの薄い言葉です。しかしゲーム、とりわけ『ストリートファイター』のような格闘系のゲームでは、アメリカでもキャラクターは皆「得意技」を持っています。ゲーム内でも「得意技」の意味で、「special move」が使われます。

▶このように名詞として使う場合、「move」は「技」の意味。将棋やチェスでも、「move」は「手」、つまり駒を動かすことを指します。

▶さらに、複数形の「moves」は「ナンパ」の意味にも！ 動詞として使うときには「put the moves on 〜」を使って「He put the moves on her」(彼は彼女を口説いた)などと言います。なるほど、ナンパはいわば、様々な「手」や「技」を使うスポーツの一種なのかもしれませんね。

▶しかしこの「move」は「動き」を示す単語なので、スポーツやボードゲームの世界でのみ使われます。では、料理や歌、その他の趣味における「得意技」は？ その場合は「specialty」という「special」の名詞形を使います。この言葉には広く「得意なもの」という意味があります。どのくらい広いかというと、たとえば「Talking on the phone all day is my mom's specialty」(僕の母ちゃんは一日中電話でおしゃべりするのが得意なんだ)と言えるくらい。もちろんスポーツにも使えます。

言葉の解説

◆for some reason：なぜか、どういうわけだか
◆utilize：〜を利用する
◆バトルフランス
『バトルフィーバーJ』に登場する正義のメンバーの一人。フラメンコはスペインの踊りだから変なのだが、このバトルフランスに変身するのは、フランス人ではなくフランス帰りのキザな日本人。かぶれてるだけじゃん！

●「タンタタタンタタ……」タップを踏む音。英語では➡ tap.tappity tap.tappity

空想科学の重要構文

ウルトラマンは2万歳です。
彼が生まれた頃、人類は洞窟壁画を描いていました。

Ultraman is 20 thousand years old. At the time he was born, humans were making cave paintings.

この文章のポイント

▶「ウルトラマンが生まれた頃」は、「when Ultraman was born」でもかまいません。ただ、その場合は「ウルトラマンが生まれたとき」といったニュアンスになります。ここでは2万年という凄まじい年数が語られているわけで、「とき」というよりは「時代」ですね。その時間の長さを表すのが「at the time」。「彼が生まれた当時は」という感じです。

言葉の解説

◆ultra：超〜
発音は「アルトラ」。つまり「Ultraman」は「アルトラマン」と呼ばれるべきだったのだ。
◆cave painting：洞窟壁画

◆2万歳
ちなみに、最後の氷河期が終わり、人類が農耕や牧畜を始めるのは、約1万年前である。ウルトラマンは驚くほど長寿なのだ。

1万2千年前、ムー大陸は一夜にして
太平洋に沈んだといわれています。

It is said that 12 thousand years ago, the continent of Mue sank into the ocean in just one night.

この文章のポイント

▶「it is said〜」、受身形です。受身はbe動詞+過去分詞なので、「is」+「said」です。同じく、「〜と思われている」は「is」+「thought」ですね。「Ultraman is thought to be 20 thousand years old.」(ウルトラマンは2万歳だと思われます)。

▶「they say〜」という言い方もあります。「they say that Ultraman is 20 thousand years old」でも、意味は変わりません。

▶「it is said」に続く「that節」は日本語の「と節」と同じ働きをします。「〜といわれます」は「it is said that 〜」。「that」以下には、主語と動詞が入ります。

言葉の解説

◆continent：大陸
◆sank：sink（沈む）の過去形
◆in just one night：たった一晩で

◆沈んだといわれて
西洋にはアトランティス大陸水没の伝説もある。これを言い出したのはギリシャの哲学者・プラトンであり、19世紀までは広く信じられていた。

Dream Science Sentence Construction

「恐怖新聞」は、一回読むごとに命が100日ずつ縮む、大変恐ろしい新聞です。

"The Terror Times" is a diabolical newspaper, each reading of which shortens the reader's life by 100 days.

この文章のポイント

▶「which」は関係代名詞ですが、前置詞がついて「of which」となっています。上記ではeach以下を挿入節と言い、無理やり2つの文章をつなげているものです。上の文章を2つに分けると、こうなります。「"The Terror Times" is a diabolical newspaper. Each reading of "The Terror Times" shortens the reader's life by 100 days.」。

▶この2文を合体させるときは、2文目の主語の「"The Terror Times"」を関係代名詞「which」で置き換えますが、前置詞の「of」はそのまま残ります。

▶では、練習問題。次の2文を合わせましょう。

「Ultraman shoots his Specium Ray by crossing his arms. The positive and negative energies of his arms create the beam.」(スペシウム光線を放つとき、ウルトラマンは両腕を交差させます。両腕のプラスとマイナスのエネルギーが光線を生み出します)。

▶2文目の「of」をそのまま残して「his arms」を「which」で置き換えます。正解は、「Ultraman shoots his Specium Ray by crossing his arms, the positive and negative energies of which create the beam.」。

言葉の解説

◆The Terror Times：恐怖新聞
◆diabolical：悪魔の、邪悪な
◆by 100 days：100日分

「100日ずつ」の「ずつ」のニュアンスは「each reading〜」の「each」が生み出している。「each」は「every」と同じで、ここでは「読むたびに」の意味。「読むたびに、命が100日分縮む」のだから、「100日ずつ」というニュアンスとなる。

◆恐怖新聞

つのだじろう・作『恐怖新聞』は、霊界から届けられる「恐怖新聞」の不気味さを描いた漫画。毎晩イヤでも読まされ続ける鬼形礼君の命は、100日ずつ縮んでいくのだ。新聞代は取られていない様子だが、だからといって嬉んでる場合ではない！

● 恐怖の瞬間の叫び声。「うわぁぁぁぁ」、英語では ➡

空想科学の重要構文

ニールとイライザは、キャンディス・ホワイトをいじめてばかりいます。

Neil and Eliza do nothing but pick on Candace White.

この文章のポイント

▶「pick on」は熟語で「いじめる」という意味。「pick」は「つつく」ですから、「on」と組み合わせると、まるで人の額を指でつついているような感じで「しつこくいじめる」になるわけです。

▶「pick」を用いる熟語には、ほかに「pick one's nose」がありますが、これは「鼻をほじる」という意味。上記の「do nothing but〜」と合わせて文章を作ってみると、「my husband does nothing but pick his nose」(ウチの旦那は鼻をほじってばかりいます)。

言葉の解説

◆do nothing but〜：〜してばかりいる
直訳すれば「〜以外には何もしない」。

◆いじめてばかり
『キャンディ・キャンディ』は、いじめに耐えて頑張る少女の物語だった。いじめ役はもっぱらラガン家の兄妹・ニールとイライザ。このアニメは世界各国で放送されたから、この兄妹は世界中の子供たちから憎まれたであろう。

キャンディが思いを寄せていたアンソニーは、落馬して死んでしまいました。

Candy had feelings for Anthony, but he fell from a horse and died.

この文章のポイント

▶「have feelings for〜」は「〜に思いを寄せる」。ここで「for」は「〜に対して」なので、直訳すれば「〜に対して思いを抱える」です。

▶「feeling」を単数形で使うときは、「気配」とか「勘」を意味します。「I have a bad feeling」とは「何か悪い予感がする」。一方、上の文章のように、他人に対する気持ちを表す場合は、「feelings」と複数形でなければいけません。

言葉の解説

◆fell：fall（落ちる）の過去形
「fall in love」は「恋に落ちる」、「fall in battle」は「戦死する」。

◆アンソニー
キャンディをアードレー家の養子に推薦するなど、温かく応援した男の子。「スイート・キャンディ」なる自家製の薔薇をキャンディに贈るなど、キザな一面も見せていい味を出していたが、惜しくも落馬事故でお亡くなりに……。合掌。

Dream Science Sentence Construction

人造人間キカイダーは、良心回路が不完全なロボットなので、ときどき暴れます。

The cyborg "Kikyder" has flawed Conscience Circuitry, and consequently acts out from time to time.

この文章のポイント

▶「Conscience Circuitry」は「良心回路」です。「conscience」(良心)は、「science」(科学)に、接頭辞の「con-」がついたものです。「science」は本来「知る」という意味で、「con-」は「共に」「一緒に」ということ。合わせて直訳すれば「共に知る」ですが、一般に「良心」と訳され、「生まれつき、心の深いところで知っていること」というニュアンスです。想像するに「神と共に知っていること」の意からきているのではないでしょうか。

▶「act」を使った熟語には、上の「act out」(「言葉の解説」参照)のほかに「act up」(調子が狂う)、「act violent」(暴力を振るう)、「act bad」(悪さをする)、「act naughty」(いたずらをする)などがあります。まあ、おおむね同じような感じの表現ですが。

▶「act」は「actor」の「act」で、もともと「演技する」という意味。前述したとおり、熟語としてはもっぱら「しでかす」とか「〜な真似をする」などという感じで使います。あまりよい意味では使いません。「馬鹿な真似すんじゃねぇよ!」を英語で言うと「Don't act stupid!」です。

言葉の解説

◆flawed:欠点のある
◆consequently:その結果〜
◆act out:暴れる、狂暴になる
「act out」には「演技で描写する」という意味もあるが、その場合は「act out (何かを)」と、必ず目的語がつく。「He acted out yesterday's soccer game for us.」(彼は私たちのために、昨日のサッカー試合を全部自演してみせてくれた)。しかし、上の文章のように目的語がないときは「暴れる」「狂う」といった意味になる。

◆from time to time:ときどき
「sometimes」よりももうちょっと珍しい場合に。
◆良心回路
正義のロボットとして作られた人造人間キカイダーだが、完全な良心回路を組み込まれる直前に、生みの親の博士と離れ離れになってしまった。そのため、敵組織の親分、プロフェッサー・ギルの笛の音を聞くと、正気を失い、暴れてしまう。

● 笛の音は「ピィヒャラリー」。英語では➡

空想科学の重要構文

矢吹丈は、試合には敗れましたが、
望みどおり燃え尽きて、真っ白な灰になりました。

Although Joe Yabuki lost the match, he had fulfilled his wish, spent and burnt out to pale white ashes.

この文章のポイント

▶「**had** + 過去分詞（**fulfilled**）」は過去完了形。「完了形」は、日本語には存在しないので、抽象的な印象を受けるかもしれません。そんなときは、リング上でぶっ倒れているジョーを想像するといいでしょう。カタく言うなら、完了形とは「過去に起きたけれども現在にも影響を及ぼしている出来事」を説明するものなのです。

▶この文章の場合、「**had**」を用いずに、普通の過去形で「**Although Joe Yabuki lost the match, he fulfilled his wish～**」と言っても、意味はたいして変わりません。むしろ、上の日本語文をそのまま訳すと、こんな英語になるはずです。では、なぜわざわざ「完了形」を使うのかといえば、つまりジョーは敗れはしたが、その前に自分の望み（燃え尽きて、真っ白な灰になること）を叶えたという事実を表現したかったからです。この「完了形」によって、順番がわかります。文章中の動詞のうち「**had**」のついた動詞が、一番最初に起きたこと。それに、「**had fulfilled**」と言うと、ただの「**fulfilled**」より決定的な感じがします。「完了形」を使うことによって、「ジョーが自分の望みを叶えてしまった」というニュアンスが強く出せます。

▶なお、「**burn out**」は「燃え尽きる」という意味の熟語です。そもそも英語には人間が「灰になる」という比喩はないのですが、悩みながら直訳してみたところ、なんだか意味が通じるように思えてきました（右ページ参照）。念のために「**spent**」（力尽きた）という言葉を加えてあります。

言葉の解説

◆**Although**：～だが、～だけれども
文の頭にくる接続詞。「**but**」よりやや強いので、日本語にすれば「～にもかかわらず」という感じ。「**even though**」とも言う。

◆**lose the match**：試合に負ける
この「**match**」はマッチではなく「試合」を意味する。だが、「**lose the match**」はそのまま「マッチをなくす」という意味にも取れる。なくしやすいもんね、小さくて。

◆**fulfill**: 果たす、実現する
「**full**」+「**fill**」、つまりいっぱいになって満たされたわけ。「**My hunger for yakiniku cannot be fulfilled.**」（私の焼肉に対する食欲は満たし得ないものだ）。

◆**pale**：青白い

◆**真っ白な灰に**
『あしたのジョー』のラストは、世界王者のホセに挑んだ矢吹丈が15ラウンドを戦い抜いて燃え尽きる……というものだった。勝敗が告げられた後も、ジョーは微笑を浮かべたまま、椅子から立ち上がらない……。ジョーの生死は不明だが、日本の漫画で最も感動的なラストシーンのひとつであることは確実。

Dream Science Sentence Construction

質問コーナー

▶左ページの英訳で、「真っ白な灰」は「pale white ashes」でよいのでしょうか？辞書を引くと「pale」は「青白い」と出ています。矢吹丈は「真っ白な灰」になったのであって、「青白い灰」になったわけではありませんよ。間違えてませんか？

Mattの答え

▶面白い質問ですね。左ページにも書きましたが、英語で「灰になる」なんて比喩表現はないのに、この文章でも意味が通じる。それは、この「pale」のおかげなんです。

▶日本語の「青」と英語の「青」では、概念が少し違います。たとえば、英語では紺色のことを「blue」と言いますが、ちょっと緑の入った青は「青」と言いません。髭剃り跡を「青い」と言わないし、青信号も「青い」と言わないし、それから病気で青白くなっている人の顔を「青い」とは決して言わないのです。

▶おわかりでしょうか。日本語では「青白い」と訳すものの、本当は「pale」に「青」というニュアンスはまったくありません。「pale」はどちらかと言えば「灰色」です。貧血なら「white」だし、気分が悪そうな人を見かけると「you look a little grey」と言ったりします。英語の「灰色」は、日本語の「青」に含まれる、ということですね。つまり、ジョーの燃え尽きた姿を灰に例えているからこそ、「pale」がピッタリなのです。

空想科学の世界において、東京タワーは幾度も怪獣に襲われ、その都度へし折られました。

In the world of science fiction, Tokyo Tower is attacked by monsters time and again, and every time it gets smashed to the ground.

この文章のポイント

▶「get＋過去分詞」における「get」は、be動詞と同じ働きをします。ここでは「gets smashed」と受身形ですが、この場合「is」の代わりに「gets」を使うと、その「受身さ」が強調されます。「**the bread was eaten**」（パンは食べられました）に比べて、「**the bread got eaten**」と言えば「パンは誰かに食われちまったぜ」みたいな意味になります。

▶上文中のもうひとつの受身形「**is attacked**」は「攻撃される」なので、強調も不要ですが、「へし折られる」などという、暴力的かつ衝撃的な表現なら「get」に限ります。

言葉の解説

◆time and again：幾度も
◆every time：その都度
◆smash to the ground：ぶっ倒す
「to the ground」は、強調のために用いる。「徹底的に」「完全に」のような意味。たとえば、「He loves to talk. He will talk you to the ground.」（あいつはおしゃべりが大好きなんだよ。イヤっていうほどしゃべってくるんだ）。

◆東京タワー
東京タワーは58年に完成。空想科学の世界では、わずか3年後の61年にモスラが繭を作ったのを皮切りに、ガメラ、ガラモンなど、怪獣たちが破壊し続けた。日本一災難な建築物。

空想科学の重要構文

ニセウルトラマンは、本物に比べると
目がつり上がっているし、つま先も突っています。

**Compared to the real Ultraman,
Imposter Ultraman has slanty eyes and pointy toes.**

この文章のポイント

▶上の文章は、いわゆる比較級を使っても表現できます。その場合には、「Imposter Ultraman has slant**ier** eyes and point**ier** toes **than** the real Ultraman」となりますが、これだと直訳に近く、あまり面白味のない文章です。

▶そこで「compared to～」(～に比して)を使ってみました。この表現は物理的に比較しているようなニュアンスがあります。たとえば「John is nicer than Sam」(サムよりジョンのほうが親切よ)という比較級は、「compared to Sam, John is nice」あるいは「John is nice compared to Sam」と言い換えることができますが、これらは「サムよりは、ジョンのほうが親切」というニュアンスになるのです。サムもジョンも、どちらもヒドイ奴かもしれないけど、あえて比べれば……ということです。

▶また「slant」(斜め)に「y」を加えて、「slanty」という形容詞にしました。「つり目」の「つり」を示す言葉ですが、たぶん「たれ目」にも使えます。どちらも微妙に斜めなわけだから……。

▶「point」(先端)にも「y」をつけて「尖った」という形容詞を作ってみました。「slant」も「point」も、「y」の代わりに「ed」をつけてもかまいません。「Imposter Ultraman has slanted eyes and pointed toes」と言っても、意味はまったく同じです。ただし「y」のほうが、なんとなくカワイイ。……って、ニセウルトラマンはカワイくないのか？ それは失礼しました。

言葉の解説

◆real：本物の
◆imposter：詐欺師
「ニセ」は「fake」という単語を使ってもよいが、「imposter」はもう少し「人のふりをして悪さを働く」といった感じが強い。

◆ニセウルトラマン
侵略者・ザラブ星人が、ウルトラマンの信用失墜を狙って化け、これ見よがしに街を破壊した。だが、上文にあるように、ちょっと見ればすぐバレそうな変身だった。しかも、たちまち本物が現れ、ボコボコにやられていた……。

●睨み合い「バチバチ」と火花が散る。英語では➡

84

Dream Science Sentence Construction

ナックル星人はウルトラマンを精神的に苦しめるために、彼の恋人を自動車で轢き殺しました。
宇宙人の風上にも置けない手段であり、行為です。

To cause Ultraman mental anguish, Knuckle-Seijin ran over Ultraman's girlfriend with a car. Such means and deeds are below even aliens.

この文章のポイント

▶「below」は「〜の下に」、もしくは「〜に値しない」ということです。つまりここでは「宇宙人にしても、普通は考えられないような手段・行為です」といったニュアンスを出そうとしています。誰かに途方もなくひどいことをされると、その人に向かって「nothing is below you!」(あなたには道徳がない、あなたは人間の屑だ)と言ったりします。ナックル星人の場合は、「宇宙人の屑」ですね。

言葉の解説

◆cause：〜をもたらす、〜を起こす
これはいい意味にも用いられる。たとえば、「You cause me great happiness.」(あなたは私を幸せにする)。

◆mental anguish：精神的苦悶

◆Knuckle-Seijin：ナックル星人
『帰ってきたウルトラマン』に登場した宇宙人。ここでは、その綴りをナックルボールの「knuckle」と想定してみたが、すると英語で「指関節」という意味。ナックル星人はとてもパンチが強そうな敵だということになる。

◆run over：轢く
「hit」を使って「Knuckle-Seijin hit Ultraman's girlfriend」でもよい。ちなみに「hit」と「run」を合わせれば、「hit and run」、つまり「轢き逃げ」。

◆means：手段、方法

◆deed：行為、行動

◆恋人を自動車で
これは『帰ってきたウルトラマン』に出てくるエピソード。ウルトラマンに変身するのは郷秀樹だが、彼の恋人・アキとその兄が、ナックル星人の車に轢かれて死亡した。残酷なのは言うまでもないが、「宇宙人のくせに車なんかで轢くなよ！」と強く文句を言いたい。

●車に「ドーン」とハネられた。英語では➡

空想科学の重要構文

宇宙刑事アニーは、膝上20cmというミニスカート姿で
敵と格闘していました。
敵は興味を惹かれすぎて、攻撃ができなくなると思われます。

**Spacecop Annie battles her opponents in a miniskirt
that begins a good 20cm above her knees.
The bad guys must be too engrossed to attack.**

この文章のポイント

▶「must」は、基本的に「〜しなければならない」「〜すべきだ」といった意味の助動詞として勉強しますね。しかし「must」の次にbe動詞がくると「推測」の意味もあります。「should」も「ought to」も同じで、そもそもは「〜しなければならない」の意味で使うけれども、be動詞と合わせると「〜だろうな」「〜と思われる」になります。したがって、上文を「the bad guys should be〜」「the bad guys ought to be〜」と言ってもまったく同じです。

▶ところで、上の文章では「膝上20cmというミニスカート姿」を「in a miniskirt that begins a good 20cm above her knees」と訳しています。直訳すれば「膝の上20cmのところから始まっているミニスカート姿で」です。実はこの表現、英語としてはピンときません。英語では(アメリカでは?)こういう場合、スカートの長さを述べるのではなく、「ふとももの露出度」のほうを表現することが多いのです。つまり前述の部分は「in a miniskirt that shows a good 20cm of thigh」(ふとももを20cmも見せているミニスカート)と言うほうが自然なのです。スカートよりも脚に目が行っちゃうからかしら?

言葉の解説

◆opponent:相手、敵

◆a good＋数字:〜も
「She was a good 2 hours late.」(彼女は2時間も遅れやがった)、「This steak must weight a good 3 pounds!」(このビフテキは3ポンドあるでしょう!)。

◆engrossed:〜に夢中で(で他のことをしない)
「he is always engrossed in the TV」は、「彼はいつもテレビに夢中だ」。多くは本や映画など、何かある欲求を駆り立てる事物に対して使い、人物に対しては使わない。つまり、アニーの脚には「engrossed」になっても、アニーそのものに「engrossed」にはならない。いかにも体目当てのスケベ男にピッタリの単語。

◆too 〜 to 〜:〜すぎて〜ができない
アニーの敵なら「too hot to fight」ですね。

●スカートの中が「チラッ」と見える。英語では➡

Dream Science Sentence Construction

峰不二子はルパン三世の仲間と思われていますが、
しばしば裏切ることがあります。
それでも、彼女があまりにも美人なので、いつも許されます。

**Fujiko Mine is considered one of Lupin III's comrades, but she often betrays him.
However, she is so beautiful that he always forgives her.**

この文章のポイント

▶「so 〜 that 〜」は「あまりにも〜なので〜」。たとえば「he is so tall that he can see Mt. Fuji from Hokkaido」(彼はあまりにも背が高くて、北海道から富士山が見えるそうです)という具合に使います。

言葉の解説

- ◆Lupin Ⅲ's：ルパン三世の
- ◆is considered：〜と世間に思われる
- ◆comrade：仲間、相棒
- ◆betray：裏切る、(味方を)売る
- ◆forgive：許す、大目に見る

- ◆峰不二子
正体不明、意図不可解ながら、『ルパン三世』の世界には必要不可欠な美女。そのバストも魅力のひとつで、なんと99.9cmもあるらしい。あと1mmで1m!!

プリンスハイネルは立派な角を持っています。
Tシャツを着るとき、邪魔になりそうです。

**Prince Hynell has a splendid pair of horns on his head.
They must get in the way when he puts on T-shirts.**

この文章のポイント

▶「must」は推測の働き。「they must get in the way」は「それらは邪魔をしなければいけません」ではなく、「それらはきっと邪魔になるんだろうな」ということです。

言葉の解説

- ◆splendid：壮麗な、見事な
- ◆pair of：一対
- ◆horn：角
「horn」にはほかにも「クラクション」「吹奏楽器」「岬」「高峰」などの意味がある。よって「on his head」を加えないと、「プリンスハイネルは吹奏楽器を持っています」と勘違いされかねない。
- ◆in the way：邪魔になって
直訳すれば「道の中に」。まるで道路の中に突っ立っているかのように、邪魔をするというわけ。
- ◆get：be動詞の代わり (P83参照)
- ◆プリンスハイネル
『超電磁マシーン ボルテスⅤ』に登場した敵の美形キャラがプリンスハイネル。彼の故郷・ボアザン星では、頭に角のある貴族階級が、角を持たない人々を支配していた。なかでもプリンスハイネルの角は立派で、長さ30cmはありそうなモノが両耳の上あたりから生えていた。

空想科学の重要構文

教会でルーベンスの絵を見たネロは、満足して死んでいきます。
ルーベンスは生涯に数千枚もの絵を描いており、
その絵はそんなに珍しくはないのですが。

Having seen a painting by Rubens in a church, Nero dies fulfilled. Petrus Paulus Rubens painted several thousands of pictures in his life, and that particular painting was no rarity, though.

この文章のポイント

▶「having seen」は完了進行形。これは特別な言い方で「〜をしてから」「〜の挙句」という意味。つまり「ルーベンスの絵を見てから」です。「Having gobbled 15 plates of sushi, I fell asleep」は「お寿司15皿という暴食の末、私は寝てしまいました」。

言葉の解説

◆though：〜ですが（文の最後に加える）
「I like Japanese. I can't speak it, though.」（私は日本語が好きです。しゃべれないけど）
◆ネロは満足して
ルーベンスが悪いわけではない。しかし、『フランダースの犬』のラストは救いがなさすぎる。苦労を重ねた挙句に、憧れのルーベンスの絵を見ただけで、笑みを浮かべながら死んでいくネロとパトラッシュ……。どうせ最後なら、せめてもうちょっと貴重な作品を見せてあげたかったと思う。

アンパンマンの顔は、アンパンでできています。
彼は、空腹の人に自分の顔を食べさせることができます。

**Anpanman's head is a bean-jam bun.
He can feed his face to hungry people.**

この文章のポイント

▶「〜でできている」という表現は、普通「be made of」を用いますが、これは原料が複数だったり、加工されている場合。アンパンマンの顔は、1個のパンがそのまま使われているので、単なるbe動詞を用いました。どうしても「be made of」を使いたければ「Anpanman's head is made of bean-jam & bread」と言うほかありません。

言葉の解説

◆bean-jam bun：アンパン
「bean-jam」で「餡」。「bun」は小型のパン。アメリカでは、主にハンバーガー用のパンを指す。
◆feed：食わせる

◆アンパンマンの顔
食べられたままでは困るので、彼はジャムおじさんのところへ行って、新しいパン（顔）を焼いてもらう。考えてみれば、すごい話ですね。

Dream Science Sentence Construction

質問コーナー

▶左ページの文章では、アンパンマンの英表記が「Anpanman」になっています。しかし、発音を考えれば「Ampanman」とすべきではありませんか?

Mattの答え

▶う〜ん、微妙です。日本語をローマ字で表記するとき、「p」や「b」や「m」の前に「n」があったら、それを「m」と書くことがあるようですね。次に「p」とか「b」を発音するために口を閉じるので、「n」と発音するはずの「ん」をどうしても「m」と発音してしまうからでしょう。確かに、一理あるような気もします。

▶しかし、「m」の前の「n」も「m」と書かなければいけないわけですから、「アンパンマン」は「Ampamman」と綴ることになります。どう発音すればいいんでしょう。「アムパーマン」かな。誰ですか、それは!

▶つまり、ローマ字に関する「n」⇒「m」というルールには、英文上では必ずしも従わなくてもよいのです。言葉としての「Anpanman」のかわいさは、「an」が3回も出てくるところにあります。アン、アン、アンって、とてもかわいいじゃありませんか。

▶ちなみに、アメリカに「アンパン」はありません。あれは日本独自の食べ物みたいですね。アメリカの友人が言っていました。「アンパンマンがアメリカで流行らないのは、アンパンだから」。なるほど……。

正義の味方・黄金バットは、
「わははは」と笑いながら敵と戦います。
何か面白いことがあったというより、
不敵な笑いなのだと考えるべきでしょう。

"Wah-ha-ha-ha!"－ the Golden Bat, champion of justice, laughs hysterically as he does battle with his enemies. You must understand that he is not laughing at anything funny, but laughing out of fearlessness.

この文章のポイント

▶「not A, but B」は「AというよりB」。「I am not hungry, but starving.」(もう空腹というより、餓死している)。

言葉の解説

◆champion of justice:正義の味方
◆hysterically:異常に興奮して
◆laugh at〜:〜を見て笑う、〜を笑う
アメリカの幼稚園で習ったことでいちばん印象深く覚えているのは「男子用の便器に入っている緑色の円盤は、飴ではなく消臭剤です」。その次が「Laugh WITH friends, Don't laugh AT friends」だった。つまり「友達と一緒に笑おう、でも友達のことを笑ってはいけません」。いくつになっても守りたいルールである。
◆fearlessness:大胆さ、勇敢
◆out of〜:〜を原因として、〜のため
動機を説明するときの言い方。
◆黄金バット
戦前の紙芝居に始まったというから、『黄金バット』は息の長いヒーローだ。見かけはガイコツ、武器はバトン、戦いながら「わははは」と笑うなど、正義の味方としては相当ヘンな奴だけど。

空想科学の重要構文

法隆寺を作った聖徳太子が、実は巨大ロボットも建造していたことは、あまり知られていません。

It is not widely known that Shotoku Taishi, who built the Horyuji Temple, actually built a gigantic robot, as well.

この文章のポイント

▶「is widely known」は受身形で「広く知られている」。たとえば、「It is widely known that Ultraman is from Galaxy M-78（ウルトラマンがM78星雲から来たことはよく知られています）, but very little is known about his childhood.（しかし彼の幼児時代についてはほとんど知られていません）」。

言葉の解説

◆actually：（意外と思うだろうが）実は
◆temple：神殿、寺院
具体的な寺院名を示す場合は、「the Honganji Temple」(本願寺)というふうに大文字表記をする。なお「神社」は「shrine」。
◆as well：おまけに

◆聖徳太子がロボットも
『世界忍者戦ジライヤ』で語られたエピソード。17条憲法を作った聖徳太子は、10人が同時に話すのを聞き分けた、など多数の逸話に彩られているが、まさかロボットまで作っていたとは……。お札の肖像に使われて当然の偉人である。

6500万年前に滅亡したはずの恐竜が、地下に帝国を作り、生き延びていました。

The dinosaurs, who were thought to have gone extinct 65 million years ago, built an underground empire and stayed alive.

この文章のポイント

▶「have gone extinct」は現在完了形です。「～してしまっている」とか、「ずっと～している」という意味です。「have」や「has」＋過去分詞で言います。「Urashima Taro has been under the ocean for many years」は、「浦島太郎はずっと海底へ行っています」。「have gone extinct」は「とっくに絶滅してしまっている」です。

言葉の解説

◆extinct：絶滅した
◆were thought：～と思われていた
◆stay alive：生き残る、存続する

◆恐竜が生き延びて
これは『ゲッターロボ』に出てくるエピソード。恐竜たちはかつての大繁栄を取り戻すべく、人類に宣戦布告するのだった。恐るべし！

Dream Science Sentence Construction

あしゅら男爵の性別は不明です。
それは、彼がオカマだからではなく、
体の右半分が男、左半分が女だからです。

Baron Ashra's gender is in unclear.
This is not because he is a transvestite,
but because the right half of his body is male,
and the left half of his body is female.

この文章のポイント

▶「not because A, but because B」は「AだからではなくB、Bだからです」。「not A, but B」(AではなくB、Bです)に「because」を加えただけです。

▶ 使い方の例としては「I am not crazy, but I am an American.」(いや私、気が狂っているんじゃなく、アメリカ人です)。

▶「I pierced my tongue. Not because I am crazy, but because I am American.」(私は舌にピアスの穴を開けました。気が狂っているからではなく、アメリカ人だからです)。僕に言わせれば、アメリカ人というのはクレージーで、舌にピアスをつけるのなんか、わりと平気なのです(←言い過ぎかなあ)。

言葉の解説

◆baron：男爵
英国の貴族の爵位には段階があり、最高位が「duke」(公爵)。以下、上から順番に「marquis」(侯爵)、「earl」(伯爵)、「viscount」(子爵)とあって、最下位が「baron」。

◆gender：性別、性差
◆in unclear：はっきりしない
◆transvestite：服装倒錯者
この言葉の「trans」は「～を超えて」の意味。「vest」はスーツの「ベスト」。ベストを超えて、つ

いドレスの国に行ってしまった、女装好きの男、というわけ。「cross-dresser」というわかりやすい言い方もある。

◆male：男
◆female：女
◆あしゅら男爵
『マジンガーZ』に登場した敵の幹部。体が男女に分かれているだけでなく、左右で声まで違っていた。一人デュエットができるであろう。

●女性の笑い声「おほほほほ」、男性の「わはははは」。英語では➡

空想科学の重要構文

宇宙怪獣キングギドラは
金星の文明を3日で滅ぼしたといわれています。
ただし、金星に文明があったかどうかはわかりません。

**The space-monster King Gidra is rumored to
have wiped out the civilization of Venus in 3 days.
It is uncertain, however,
whether civilization ever existed on Venus.**

この文章のポイント

▶「wipe out」は「滅ぼす」という意味の熟語です。「Sailors wiped out the dodo birds」は「船人はドードー鳥を滅ぼした」。ほかに、サーフィン、スケートボード、モトクロスなど、乗り物系のスポーツでは「転倒する」を「wipe out」と言います。

▶あと、受身形で「I am wiped out!」と言うと、「私はもう疲れ果てた!」という意味です。滅ぼされたわけですね。

言葉の解説

◆be rumored：〜と噂される
「はっきりしたことはわからないが、話によると」ということ。「is said」とほとんど同義で、「The space-monster King Gidra is said to〜」も同じ。
◆uncertain：不確かな、はっきりしない
「certain」は「確かな」なので、「uncertain」は「不確かな」「未決」「はっきりしないこと」。

◆ever：かつて
◆exist：存在する
◆キングギドラ
『ゴジラ』シリーズに幾度も登場した強そうな宇宙怪獣で、劇中では金星文明を滅ぼしたといわれていた。しかし、金星の表面温度は470度。生物が棲めるような環境ではまったくない。

戦国時代、獅子丸は「風よ光よ、忍法獅子変化！」と唱えて、
ライオン丸に変身しました。
獅子とは、日本語でライオンのことです。

**During the Warring States Period, Shishi-Maru chanted,
"By the power of Light and Wind,
Ninja Shishi Transformation!" and turned into Lion-Maru.
"Shishi" is Japanese for "lion."**

言葉の解説

◆during：〜の間に
◆Warring States Period：戦国時代
「Feudal Period」とも。中国の戦国時代も同じ。

◆turn into：変身する、変化する
「transformation」（変身）は名詞。動詞の場合は「transform into」でも、この「turn into」でもいい。

Dream Science Sentence Construction

質問コーナー

▶左ページの「By the power of Light and Wind」は「風よ光よ」の訳文ですよね？ 「風と光の力を使って変身する」という物語上の意味を汲んで、こう訳してあるのでしょうか。獅子丸が「風よ光よ」と言うのは、単純にハッタリとして叫んでいるだけかと思っていたのですが、言われてみれば、なるほど「風よ、光よ、俺に力をくれ」というニュアンスなのかもしれませんね。

Mattの答え

▶僕の小さい頃に、アメリカで『He-Man』という、今思えば非常にダサ～いSFアニメが流行りました。主人公のHe-Man（も～名前からしてバカバカしいでしょ！）は、変身するときに大きな剣を空に突き上げて、「By the power of Greyskull!」と叫んでいました。「Greyskull」とは、彼の味方である魔女の城の名前なのです。

▶このダサいSFアニメに、幼き日の僕はハマりまくりました。特にその変身シーンの魅力ったら……。とにかく、その場面が僕たちの世代の男の子にとって、どれほど印象的な場面だったかは言い切れません。僕の初キスの思い出などは、初めて見た『He-Man』の変身シーンの印象に比べれば薄いものです。だからこの英訳でも、無意識に『He-Man』の変身シーンの決まり文句を借りてしまいました。

宇宙猿人ゴリとラーは、
たった2人で地球を征服しようとしましたが、
それは無謀というものです。

**Space-apemen Goril and La attempted to
take over Earth all by themselves,
but they were being rash.**

この文章のポイント

▶「take over」は熟語で、「～を征服する」とか「～を乗っ取る」。ほかに「引き取る」や「肩代わりする」などのよい意味もあります。たとえば、車の運転手が疲れていたら、「I'll take over」と、「私が代わりに運転するよ」と言います。

▶「all by themselves」は、「彼らのみで」「彼らの力だけで」という意味。一人の場合は、「all by himself／herself／myself／yourself」。

言葉の解説

◆apeman：猿人
「ape」（猿）と「man」を合わせて「猿人」。雪男とは違うし、ビッグフットでもないが、半分人間、半分猿という存在を言う。たとえば、ブッシュ大統領とか……。
◆attempt：試みる、企てる
◆were being～：～なことをしていた
過去進行形。「彼らは軽率なことをしていた」。

◆rash：向こう見ずな、軽率な
◆宇宙猿人ゴリ
『宇宙猿人ゴリ』は、惑星Eを追放された天才科学者・ゴリが、腹心の部下・ラーとたった2人で地球を征服しようと頑張る物語だった。だが、正義のサイボーグ・スペクトルマンに野望を阻まれ、番組名もやがて『スペクトルマン』に変わってしまった。不憫すぎ。

空想科学の重要構文

キューティーハニーが変身するたびに、彼女の服は破れ、瞬間的に全裸になります。

Whenever Cutie Honey transforms, her clothes rip apart, leaving her buck naked for a split second.

この文章のポイント

▶「leave」は「残す」「出かける」。キューティーハニーの服は、まるで夜逃げをするかのように、「出かけ」て彼女を全裸のまま「残す」のです。「she left me all alone」は「彼女が出ていって、私は一人で取り残された」です。誰かを困った状態に「取り残す」ときは、便利な言葉です。

言葉の解説

◆whenever：〜するたびに
◆rip apart：ズタズタに破れる
「rip」は「裂ける」または「破る」という意味。よく知られた殺人鬼「切り裂きジャック」は「Jack the Ripper」という、恐ろしい名前の持ち主だった。ハニーの服のズタズタとはえらい違いである。
◆buck naked：全裸（の状態で）

◆for a split second：瞬間的に
◆キューティーハニー
如月博士が開発したアンドロイド少女・ハニーは、普段は聖チャペル学園高等部の1年生。首飾りに手を当てて「ハニーフラッシュ！」と叫べば、体が輝き、着ていた服が破れて、コスチュームに切り替わる。

斬鉄剣はどんなものでも切断できる刀ですが、コンニャクだけは切れません。

Zantetsu-ken is a sword that can cut through anything except konnyaku jelly.

この文章のポイント

▶アメリカ人に「コンニャク」と言ったら、「この人はコニャック（cognac）のことをしゃべっている。きっとアル中だなぁ、かわいそうに」とでも思われるに違いありません。コンニャクについては、下のように説明するしかないでしょう。
①「Konnyaku is a kind of jelly.」（コンニャクとはゼリーの一種です）
②「It is made from the starch of a tuber called devil's tongue.」（ヘビイモという塊茎の澱粉で作られたものです）
③「It is very easy to cut.」（それは、とても切りやすい）

言葉の解説

◆sword：剣、刀
◆cut through：切断する、切り離す
◆except：〜を別として、〜を除いて

◆斬鉄剣
『ルパン三世』の石川五右衛門が所有する斬鉄剣はあらゆるモノを一刀両断できる！

Dream Science Sentence Construction

**エイトマンが吸う原子炉冷却剤はタバコそっくりです。
千代田区の路上で使うと罰金を取られるに違いありません。**

**The nuclear reactor coolant that
Eightman sucks on looks just like a cigarette.
He could get fined for using it on streets of Chiyoda Ward.**

この文章のポイント

▶「just like〜」は、「〜そっくりだ」とか「〜のとおりだ」ということ。「You dance just like my old man!」(あんたの踊り方、家のオヤジそっくりだわ!)、「You eat just like a pig!」(あなたの食べ方はブタそっくりだ!)。命令形で「Do it just like I taught you!」(私が教えたとおりにやりなさい)と言ったりもします。

▶「get fined」は受身形。本来は、be動詞＋過去分詞ですが、ここでもまた「be」の代わりに「get」を使っています(P83参照)。

言葉の解説

◆nuclear reactor：原子炉
◆coolant：（機械の）冷却剤
◆suck on：しゃぶる、吸う
冷却剤を「smoke」するのは不可能なので、この言葉を使っている。
◆原子炉冷却剤
『エイトマン』は警視庁に勤務するロボットで、そのエネルギー源は原子力。それゆえ、ときどき原子炉を冷やす必要が生じて、タバコ型の冷却剤を吸う。もちろん、敵に悟られないためにタバコそっくりに作ってあるのだろうが、禁煙区域がこれだけ増えた現在では、エイトマンも活躍しづらいだろう。

●走っている音は「タッタッタッタッタ」。英語では➡

平和を守るチームの名前

『ウルトラマン』など怪獣関係の番組には、必ずや正義のチームが登場する。彼らはあんまり強くないけど、アルファベット3文字の組織名だけは、やたらとカッコよかった。だが、ちょっと待て。それらのネーミングは、英語として正しいのだろうか？　ネイティブが聞いたら、どんなふうに思うのだろうか？

MAT（Monster Attack Team）＝怪獣攻撃隊

▶「Monster Attack Team」を略して「マット」……。偶然にも僕の名前と同じ発音なので、「カッコ悪い」と言いたくはありません。でも、英語で「MAT」といえば、「Masters of Arts in Teaching」の略称なのです。日本語で言うところの「教職員免許」。学校の先生も正義感は強いでしょうが、だからといって怪獣に立ち向かえるかどうか……。

◆MAT
『帰ってきたウルトラマン』に登場する怪獣退治の専門チーム。基地は東京湾の海底にある。上部組織には嫌われているらしく、何かヘマをやるたびに「解散だ！」と脅されていた。

TAC（Terrible Monster Attacking Crew）＝超獣攻撃隊

▶『ウルトラマンA』に登場するのは、「怪獣」ではなく「超獣」。怪獣より強い存在なので、英訳すると「Terrible Monster」らしい。だからといって「Terrible Monster Attacking Crew」と言ってしまうと、どうしても「恐ろしい怪獣軍隊」というふうに聞こえてしまいます。つまり、怪獣ではなく、「攻撃隊」自体が恐ろしい、というふうに。
▶そもそも「超獣」を「Terrible Monster」と言ってしまうこと自体、どうなのでしょう。「terrible」という言葉は、確かに「恐ろしい」という意味なのですが、「ひどい」とか「へたくそ」を表す場合もあるのです。「ひどい怪獣」って、それじゃあ「超獣」があまりにカワイソウな気が……。
▶また、「TAC」という略称は、「tack」という言葉と同じ発音なので、「画鋲」と思われるかもしれません。まあ、怪獣のポスターを留めるのなんかにはとても便利です。
▶ついでに言うと、「Transportation Association of Canada」（カナダ運輸省）が、一般に「TAC」と呼ばれています。超獣がカナダに現れたら、ややこしいことになりそうです。

◆TAC
『ウルトラマンA』に登場する正義のチーム。超獣の攻撃で地球防衛軍が全滅したので、代わりに作られたという。でも、メンバーは7人。ホントに地球防衛軍の代わりなの？

ZAT（Zariba of All Territory）＝宇宙科学警備隊

▶これはよくわかりません！　「すべての領地を占有するザリバ」とは、一体全体いかなるものでしょうか？　というより「Zariba」とは何⁉　砂利場？　蝲蛄？　どうしても日本語に聞こえるので、昭和30年の『広辞苑』（第一版三刷・神保町の古書店で千円で買った）を引いてみたところ、「さりば」は歌舞伎で殺陣などのとき、念仏、鐘、太鼓を合奏する囃子、ですって。なんとなくわかるような気もするけど、どう考えても正義のチームとは無関係……。

▶意を決して、何kgもある『オクスフォード英語大辞典』にあたってみました。すると「zariba」とは「zareeba」のことであるらしく、それは「東アフリカで村落・キャンプなどを守るためにイバラとかで作った防御柵、またはそういう柵に囲まれたキャンプのこと」とありました。すると、このチームの名前は「全領域の防御柵」？

▶ちなみに、インターネットでひたすら検索した結果、1919年に、「Zariba」というサラブレッド競走馬が生まれたらしいことがわかりました。綴りはドンピシャなので、これが正しいとするならば「すべての領地を占有するサラブレッド」ですね。ザリバよ、走れ！

◆ZAT
『ウルトラマンタロウ』に登場した正義のチーム。空飛ぶ円盤状の基地は、霞が関1丁目にそびえ立っており、怪獣や宇宙人に攻撃されると、すぐに離脱していた。どう見ても逃亡なのだが。

◆ザリバ
『タロウ』が放映されたのは73年だが、同じ年に矢野顕子をメンバーの一人とした「ザリバ」というバンドが結成されている。ZATと関係があるのだろうか？などと、この言葉にばかり振り回されてしまうが、「ZAT」を「宇宙科学警備隊」と訳すのもそもそもどうかと思う。

MAC（Monster Attacking Crew）＝宇宙パトロール隊

▶「マック」という発音から思い浮かべるのは「mack」という言葉です。これはスラングで「ポン引き」とか「ナンパ」とかを意味します。「I mack on her」と言うと、「私は彼女をしつこく口説く」になってしまいます。

▶そもそも「MAC」という省略が示すのは、日本でもアメリカでも「マッキントッシュ」です。地球を守りたいという良心から、この「宇宙パトロール隊」を設立した日本政府は、気の毒に商標権に厳しい米国企業に告訴されるかも。

▶ちなみに、ここで使われている「crew」は、「team」という意味合いなのでしょうが、「crew」という言葉からまず思い浮かべるのは、だぶだぶの作業ズボンを穿いて工事現場で働き、ラーメンを食って、夜はアメ車を走らせているような人々のこと。警備隊よりもいささかブルーカラーのイメージかもしれません。

◆MAC
『ウルトラマンレオ』に登場した正義のチーム。基地は、地球上空400kmに浮かぶ静止衛星。だが、それが災いして、基地ごと怪獣に食べられ、全滅してしまった。この展開には、番組を見ていた子供も腰が抜けまくり。なお、本文では「MACを設立した日本政府」と書いたけど、本当にそういう設定なのかどうかは不明。

UGM (Utility Government Members)

▶「地球防衛軍」と和訳している怪獣図鑑もありますが、直訳すれば「お役立ち政府議員」。なんだか不思議な名前の組織です。

▶この「UGM」、アメリカでは有名な言葉です。僕の町にも「UGM」がありました。小さい頃から母親に、「UGMのあたりを一人で歩くんじゃないよ」とか、「もっと勉強しないと、UGMで寝ることになってしまうよ」とか、いろいろ言われたものです。

▶実は、UGMとは「Union Gospel Mission」の略で、アメリカのどこの町にもある「救貧院」のことです。ホームレス、アル中、浮浪者の皆さんがただ同然で泊まれるところ。

▶結局、僕は母親の注意を無視して、「UGM」のキッチンでスープを作るというボランティア活動をしたことがあります。正直に言って、まことに暗く、怪獣も怖がりそうなところでした。——というわけで、UGMは今も地球の平和を守っているのです。

◆UGM
『ウルトラマン80』に登場した正義のチーム。地球防衛軍内の怪獣担当らしい。物語の途中で基地の外観が大きく変わり、上空から見ると建物が「UGM」という文字形になっていた。敵の多い組織なんだから、そこまでアピールしなくても……。

PAT (Protective Attack Team) ＝地球パトロール隊

▶「Protective Attack Team」。日本語に訳してみると「保護攻撃チーム」。なんという陰陽的な名前であろう！保護するのか、攻撃するのか、どっちかよくわからない。サッカーで言えば「ミッドフィールド」ということかな……。

▶いずれにしても、なぜこれが「地球パトロール隊」という訳になるのでしょうか？　ちょっと見当がつきません。

◆PAT
『ジャンボーグA』に登場する正義の組織で、侵略者・グロース星人に立ち向かう。正義のロボット・ジャンボーグAを操縦するのは、PATの立花隊長の弟・ナオキ。

科学特捜隊

▶これは英語の略称が決まっていないみたいなので、勝手に作ってみましょう。いろいろ考えた結果、思いついたのは「Scientific Hyper Investigation Team」。意味も尊重しているし、ニュアンスも伝わるし、「hyper」という言葉はとてもカッコいい。僕の英語力は素晴らしい！と喜んでいたのですが、頭文字を並べてみるや、憮然。なんと「SHIT」（動詞で「糞をする」、間投詞で「ちくしょう！」）という言葉に……。こういうの、難しいですね。

◆科学特捜隊
『ウルトラマン』に登場する正義のチームで、本部はパリ。昔の『少年マガジン』によると、科特隊の入隊試験には「何時間もジェットコースターに乗り続ける」というのがあるらしい。楽しいんだか苦しいんだか。

ウルトラ警備隊

▶調べてみたところ、「ウルトラ警備隊」は、「The Ultra Garrison」と英訳されているようです。これはなかなか洒落た翻訳だと僕は思います。「警備隊」を一言で表す「garrison」には、とても強い少人数の警備隊という感じがありますので、ウルトラセブンを支えるあの6人にぴったり合っている名前です。

▶ちなみに男性の名としての「Garrison」も。Garrison Keillorという有名なコメディアンがいます。「警備隊」という意味の名前だなんて、なんと男らしいのでしょう!

◆ウルトラ警備隊
『ウルトラセブン』に登場。300人を擁する地球防衛軍極東支部にあって、特に優れた6人のメンバーで構成されたチームを指す。ウルトラセブンは「その7番目の隊員」という意味で、名づけられたという。

GUTS(Global Unlimited Task Squad)

▶「guts」がそもそもどんな意味を持っているかは、「ガッツ星人」の項(P68)を参照してほしいのですが、この「Global Unlimited Task Squad」という英名自体、かなり面白いですね。「global」は「地球の」という意味もあるし、「全般的な」の意味もありますが、おそらくここでは前者でしょう。また、「unlimited」は「無限の」、「task」は「仕事」、そして「squad」は「隊」です。合わせると「地球無限仕事隊」!?

▶英語も日本語も、形容詞は名詞の前にくるのが普通ですよね。すると「無限の」(unlimited)が、「仕事」を形容しているのか、あるいは「隊」を形容しているのか、見当がつかないことになります。「『仕事隊』という隊が無数にある」ということなのか、そうではなく「この隊の仕事が無限だ」ということなのかが不明です。どっちにしても、すごそうな連中ですが。

▶ちなみに『ウルトラマンダイナ』には、この「GUTS」を発展拡大させた組織「スーパーGUTS」というのが出てくるのですが、こうなるともう、何がなんだか……。

◆GUTS
『ウルトラマンティガ』に登場する正義のチーム。通称は「ガッツ」。TPC(Terrestrial Peaceable Consortium=地球平和連合)という組織内に作られたチームで、超常現象の解明と解決を図るエキスパート。

●飛行機が空を飛ぶ音。「ゴォー」。英語では➡

カッコイイ言葉 ④ 『銀河鉄道999』から、鉄郎を助太刀するハーロックの言葉

男なら、危険をかえりみず
死ぬとわかっていても
行動しなければならない
ときがある。
負けるとわかっていても
戦わなければならないときがある。
……鉄郎は、それを知っていた。
（仲間たちに向かって）
いいか、
鉄郎にかすり傷ひとつつけるな。
無事に地球に還すのだ！

There comes a time,
for a man(1)
when he must not heed(2)
danger
and take(3) action even though
he knows that he will die.
A time when he must fight
knowing(4) full well
that he will lose.
...Tetsuro was aware of this.
(to his mates)
Listen! I don't want Tetsuro
getting so much(5) as a scratch.(6)
Return him to Earth
unharmed!

(1) for a man：男には
　「男なら」を直訳すれば「if you are a man」になりますが、そんなコト、英語で言ってはいけません。「男でなければ、そうではない」と解釈されるので、男女同権のアメリカで言うと、フェミニストに蹴っ飛ばされるでしょう。「for a man」だと「男には」なので、特に「女性は違う」というニュアンスがありません。

(2) heed：気に留める
　「must not heed danger」は「気に留めるべからず」ですが、そのほかに「Heed my word!」（僕の言うことを聞きたまえ！）のような固定的な使い方もあります。ヒーローが市民の叫びに応えることは「heed the people's calls」。

(3) take action：行動する
　「行動する」は一般に「act」と訳しますが、ここでは「take action」を使っています。これは、「何かに対して行動を取る」こと。「act」だけだと、まったく関係ない行動になりかねない。危険をかえりみず鼻をほじっていたのでは、ヒーローにはなれないのだ。

(4) knowing full well：承知の上で、よくわかっている（のに）

(5) so much as〜：〜すら（ない）
　これは否定文だけに用いられる形です。

(6) scratch：かすり傷
　動詞形では、「搔く」の意味。なるほど、かゆい程度の傷ね。

Chapter6
洋画の題名、無理に訳せば?

Forcibly Translating Foreign Titles Into Japanese

▶「最近の洋画のタイトルは、原題をそのままカタカナにしたものばかり。少しは工夫すればいいのに」という声をしばしば聞く。確かに『バック・トゥ・ザ・フューチャー』のように、カタカナばかり12文字も続くと「なぜ邦訳しないんだろう!?」と疑問に思うものである。

▶そこで、この章ではカタカナのタイトルで公開された洋画に、無理やり邦題をつけてみた。原題に込められたニュアンスを汲み取ろうとしたため、あまりブッ飛んだ訳にはしていない。

▶結論を先に言うなら、これには難渋した。原題をただカタカナ表記するのには、どうやらそれなりの理由があるらしい……。

洋画の題名、無理に訳せば？

バック・トゥ・ザ・フューチャー

原題 **Back to the Future**

▶「back」には「後ろ」という意味のほかに、「昔」という意味もあります。「back in the day」で「昔は……」。「I wish I could go back」と言えば「昔に戻りたいなぁ」です。

▶そんな意味があるからこそ『Back to the Future』という原題は面白い。劇中でも、すでに1950年代の昔にバックしているのに、ブラウン博士が「Let's go back!」と言い、マイケル・J・フォックスが「えっ？」とビビるシーンがあります。もっと昔にバックするのかよ、というわけです。そこでブラウン博士が言うのが「…back to the future!」。「戻る」という意味の「back」を使っているため、「back」と「future」が矛盾して、とても印象的なシャレになっていました。

邦題案 『未来への帰還』

◆バック・トゥ・ザ・フューチャー
85年作品。監督／ロバート・ゼメキス、主演／マイケル・J・フォックス。タイムマシンで30年前の世界にやってきた少年が、自分の親になるはずの男女の恋を実らせるべく七転八倒するコメディー。

ミッション：インポッシブル

原題 **Mission: Impossible**

▶つまり、命がけのミッションです。「impossible」は「不可能な」という意味で、「it is impossible for an elephant to fly」（象が空を飛ぶなんて不可能だ）という具合に使います。

▶「impossible」には、もうひとつ面白い使い方があります。『Impossible Susan』（1918年の映画）、『The Impossible Woman』（1919年の映画）のように、人間に用いることがあるのです。「不可能な女性」とは、いったい何でしょうか？ 知能指数1万とか、時速700kmで走れるとか、そういうこと？ 実は、「impossible」な人というのは、つまり不屈の人。扱いにくい人。何を言っても無駄だ、というような人です。「he's impossible」と呆れた声で言えば、「あいつはまったくもー、手に負えん！」ということですね。「women are impossible」だと、「僕はどうしても、女とはうまくつき合えないなぁ」というような意味です。

邦題案 『「不可能」という名の任務』

◆ミッション・インポッシブル
96年作品。監督／ブライアン・デ・パルマ、主演／トム・クルーズ。往年の人気TVドラマ「スパイ大作戦」をリメイクした映画。裏切り者の汚名を着せられた諜報部員、イーサン・ハントが、真の裏切り者を見つけるために奮闘する。

Forcibly Translating Foreign Titles Into Japanese

イージー・ライダー

原題 Easy Rider

▶「easy rider」とは本来、娼婦のお金で何の不自由もなく暮らしているヒモのことを指す言葉でした。そこから発展し、気楽でまったりとした生活ぶりの、文字どおりバイクに乗っているライダーたちをこう呼ぶようになったのです。

▶しかし、この映画を観る限り、彼らのバイク旅はそれほどイージーな（楽な）ものではなかったようです。ただ自由を求めて生きただけなのに、主人公たちは皆殺されてしまうのです……。

邦題案 『気楽なバイク乗り』

◆イージー・ライダー
69年作品。監督／デニス・ホッパー、主演／ピーター・フォンダ。自由を求めてバイクで旅を続ける若者たちの姿を描く。長髪やヒッピースタイルゆえに世間一般からは疎んじられていたが、彼らの生き方はアメリカでも日本でも熱く支持された。

ジョーズ

原題 Jaws

▶「jaws」は「jaw」の複数形で、上下のあごと歯の全体を指します。巨大なサメのあごで噛まれたら、人間なんてひとたまりもありません。それを連想すると、けっこう怖い言葉です。

▶ところが、単数形の「jaw」では、「下あご」だけしか意味しません。この「jaw」は動詞としても使えますが、「ガムを噛む」とか「おしゃべりする」など、まったく怖くもなんともない意味ばっかりなのです。「Stop your jawing!」と言えば「おしゃべりをおやめ！」。同じ単語なのに、単数と複数でニュアンスが大きく変わるのは、いかにも英語的です。

▶余談ですが、僕は日本で『ジョーズ』というタイトルを聞いて「日本には『上手』という映画があるのか」と思っていました。

邦題案 『あご』

◆ジョーズ
75年作品。監督／スティーブン・スピルバーグ、主演／ロバート・ショウ。ある海水浴場で女性と子供がサメに襲われた。やがて体長4mのサメが捕獲され、事件は落着したかのように思われたが……。海に行くのが怖くなる映画。

◆あご
あごの先は「chin」。なぜかそこを「jaws」とは言わない。横にあるエラの部分は「jaw」。

●海中からサメが突然「ザバーッ」と出現。英語では➡

洋画の題名、無理に訳せば？

インデペンデンス・デイ

原題 Independence Day

▶アメリカでは毎年7月4日に「Independence Day」を祝います。英国からの独立記念日で、アメリカ人にとっては、夏の最重要行事になっています。花火をやったり、バーベキューに出かけたり、パレードを見物したり、日本のお祭りみたいなものです。
▶映画では、恐ろしい宇宙人が地球に来襲し、大統領率いるアメリカ全軍が地球の自由を守るために立ち上がります。偶然にもその戦いは7月4日に終わり、いわばその日が、地球が宇宙人から独立する日となったので『Independence Day』。これからは、アメリカだけでなく、世界中の人々がめでたく同じ7月4日を独立記念日として祝えますね、という なんともアメリカ価値観至上主義的な強引さであります。

邦題案▶『独立記念日』

◆インデペンデンス・デイ
96年作品。監督／ローランド・エメリッヒ、主演／ウィル・スミス。直径550kmもある巨大な円盤が襲来するという、実に壮大なSF。でもストーリーは単純そのもの。

ディープ・インパクト

原題 Deep Impact

▶この題名には、2つの意味があります。
▶まずは「すごい激突」。彗星が地球にぶつかってくるという映画なので、物理的な意味での「deep impact」です。この彗星はきっと地球に深く巨大な穴を開けるでしょうから。
▶もうひとつは「私は太宰治に深く影響されています」などと言う場合の「deep impact」です。彗星が地球にぶつかるとなると、それによっていろいろな影響が生じるだろうからです。もちろん影響の最たるものは、人類の絶滅。

邦題案▶『大衝撃』

◆ディープ・インパクト
98年作品。監督／ミミ・レダー、主演／ロバート・デュバル。巨大彗星が地球に衝突することが判明した。アメリカとロシアは核爆弾を使った軌道変更を試みるが、あえなく失敗。破滅の時が迫る……。極限状態での人間愛を描いた、泣けるパニック映画。

●巨大彗星が地球に「ドカッ」と衝突。英語では➡

Forcibly Translating Foreign Titles Into Japanese

トータル・リコール

原題 **Total Recall**

▶「recall」には、「思い出す」と「呼び戻す」という2つの意味があるので、この映画の原題も二重の意味を持っています。

▶物語の主人公はクエード。彼は、自分の記憶がある組織によって消されていることに気がつき、記憶を呼び戻すために危険な旅に出ます。クエードは過去のすべてを思い出そうとしているので、クエードの立場から訳せば、このタイトルは『すべてを思い出す』となります。

▶一方、クエードの記憶を消した組織は、彼を追いかけて殺そうとします。自分の過去に組織の秘密が隠されていることに気づいたクエードは、組織にとっては「欠陥商品」にほかならないからです。「recall」には「呼び戻す」「欠陥のある商品を回収する」という意味もあるため、組織の立場から訳せば『すべてを回収』という感じです。

▶両方の意味をいっぺんには訳出しづらいため、『Total Recall』を無理に邦訳しなかったのは賢明かもしれません。

邦題案 『すべて呼び戻し』

ターミネーター

原題 **The Terminator**

▶このタイトルは「terminate」という動詞からきています。「terminal」（ターミナル、終着駅）というお馴染みの言葉からもわかるように、「terminate」とは「何かを終わらせる」という意味で、たとえば「部下をクビにする」「恋人と別れる」などに用います。いわば「抹殺する」ですね。そして、ある言葉に「〜er」「〜or」をつけると「〜する装置」という意味になるので（P22参照）、「terminator」と言えば「抹殺装置」を意味します。劇中のターミネーターはアンドロイドという設定なので、「抹殺機」あるいは「抹殺号」「暗殺丸」などと訳してもいいかもしれません。

邦題案 『抹殺機』

◆トータル・リコール

90年作品。監督／ポール・ヴァーホーヴェン、主演／アーノルド・シュワルツェネッガー。平凡だが幸せな日々を過ごしていた建築技師ダグ・クエード。だが彼は毎夜、行ったこともない火星を舞台にした悪夢に悩まされていた……。

◆リコール

日本語として馴染んでいる言葉としては「解散・解職請求」という意味の「リコール」がある。一定以上の選挙民の要求により、議会の解散や公職者の解職を求めること。

◆ターミネーター

84年作品。監督／ジェームズ・キャメロン、主演／アーノルド・シュワルツェネッガー。機械が支配する未来社会から、現代に送り込まれてきたターミネーターT800。それは、どんなに銃で撃たれようが必ず立ち上がって追ってくる、恐ろしい殺人マシンだった……。

◆terminal

形容詞としては「毎期の」という意味もある。「terminal examination」は「期末試験」。

洋画の題名、無理に訳せば？

メン・イン・ブラック

原題 Men In Black

▶劇中では、宇宙人の監視と退治を担当する秘密組織の名前ですが、アメリカの中央情報局（CIA）や連邦捜査局（FBI）の捜査官は、昔から「men in black」と呼ばれています。普通の警官の青いユニフォームと違い、いつも黒いスーツを着ているからです。

▶彼らは、アメリカ政府の最高秘密機関のメンバーなので、自分の身分がバレないように慎むべきなのに、必ずや黒いスーツを身につけ、サングラスをかけ、知らない人には無言で接するものだから、かえってわかりやすかったりします。「おい、お前、中央情報局員だろう」などとからかっても、厳しいしかめ面を少しも崩さずにシカトを続けます。

▶ちなみに、最近『Men in Pink』という、古代ギリシャを舞台にしたオカマ風時代モノ映画が作られたと聞きました。いつかそういうのが登場すると思ってたけど、やっぱりな～。

邦題案 『黒を着る男たち』

◆メン・イン・ブラック
97年作品。監督／バリー・ソネンフェルド、主演／トミー・リー・ジョーンズ。宇宙人が関わっている諸々の事件を解決するための秘密組織・MIBの活躍を描くSFコメディー。

ライトスタッフ

原題 The Right Stuff

▶『The Right Stuff』は、宇宙飛行士を目指すパイロットの話です。実験飛行士という極めて危険な仕事から、NASAのマーキュリー計画（人間を宇宙に打ち上げる計画）までの長い道のりを描いた映画です。

▶「stuff」は「材料」とか「物」と訳されることが多いけれど、この場合はパイロットとしての「資質」のことです。そして「right」は、「正しい」「相当な」「適切な」といった意味。この映画では「危険に立ち向かい、いろいろな問題を乗り越えて、宇宙飛行士になるための資質」という意味で使われているので、「正しい資質」というより「相当な資質」という感じです。「正しい資質」と言うと、まるで牧師に必要な資質みたいでしょう？

邦題案 『相当な資質』

◆ライトスタッフ
83年作品。監督／フィリップ・カウフマン、主演／サム・シェパード。初めて「音速の壁」を破った飛行機乗り・イェーガーと、宇宙を目指した7人のパイロットたちの物語。舞台である50～60年代、アメリカの宇宙開発はソ連に遅れを取っていたが、そういう時代にこそアメリカン・ドリームは輝いていたのかも。

Forcibly Translating Foreign Titles Into Japanese

チャイナ・シンドローム

原題 China Syndrome

▶ 直訳すると「中国症」。まるで中国にハマっている人のこと、みたいですね。

▶ 「syndrome」とは「症候群」、ある状態(病気、経済的な危機、戦争の勃発など)に際して、いくつかの症状・徴候が連続的に発生することを言います。この映画では、人為的ミスによって溶融したアメリカの原子力発電所の炉心が、地の底をどこまでも落ちていく……といった現象のことを指していました。で、最終的には地球を貫通して裏側の中国あたりから噴き出るはず、というので「チャイナ・シンドローム」。

▶ 考えてみると、これは中国にとって気の毒すぎる話です。「China Syndrome」という呼び名も、いささか不適当に思われます。事故を起こしたのはアメリカですからね。「中国の災難」とでも言うべきではなかったかな?

邦題案 『中国症』

◆チャイナ・シンドローム
79年作品。監督/ジェームズ・ブリッジス、主演/ジェーン・フォンダ。カリフォルニアの原子力発電所で大事故が発生するが、電力会社はそれをモミ消そうとする。取材に当たった女性キャスターは、真相に迫ろうとするのだが……。公開当時、偶然にもスリーマイル島で原発事故が起こり、ますます話題となった作品。

マーズ・アタック!

原題 Mars Attacks!

▶ 原題は『Mars Attacks!』と、最後に「s」がついています。そのまま日本語で記せば『マーズ・アタックス』になるはずですが、そうなっていません。すると、なかなか大変なことに……。

▶ 日本版のタイトルどおり、動詞の最後の「s」(いわゆる、三単元の「s」ですね)がないとすれば、英語では『Mars attack!』となります。これは、「火星、攻撃せよ!」という意味にほかなりません!『マーズ・アタックス』と、そのまま言ってくれれば、「火星がオラドもをアタックしやがる」という人間的かつ反火星的な意味になるのですが、どこかでその「ス」が消えてしまったため、まるで襲ってきてほしいような題名になってしまったのです。これでは、地球人が火星人によって滅ぼされちゃっても、自業自得かもしれませんぞ。

邦題案 『火星来襲!』

◆マーズ・アタック!
96年作品。監督/ティム・バートン、主演/ジャック・ニコルソン。ブラックユーモアに満ちたSF。

◆三単元の「s」
同様の例が他の映画にもある。『The Cider House Rules』(りんご酒小屋の規則)は、『サイダー・ハウス・ルール』とやはり三単元の「s」を抜かされたために「りんご酒小屋、われらを支配せよ」という意味になった。また『Four Weddings and a Funeral』(4つの結婚式と1つの葬元)は、『フォア・ウエディング』という邦題になったため、「4人が結婚する」ってことに……。それって、違法でしょ。

洋画の題名、無理に訳せば?

ザ・デイ・アフター

原題 The Day After

▶「その翌日」。何の翌日だかわかりませんが、とにかく何かすごいことが起きた、その翌日です。

▶この題名には、ちょっと寂しい、なんだか捨てられてしまったような絶望感があります。クリスマスのような大きなイベントの翌日というのは、とても寂しいでしょう? また、ある事件が起きた翌日というのは、周囲から事件の影響が感じられて、なんともいえず重い気分になるものです。

▶したがって、この言葉はほとんど悪いニュアンスで使います。たとえば「the day after I broke up with her」(彼女と別れた翌日)、たとえば「the day after I got drunk and called my friend names」(酔っぱらって友達の悪口を言いふらした翌日)、たとえば「the day after the PE festival」(体育祭の翌日)……。

▶さて、この映画における「その翌日」とは、いったい何の翌日だったのでしょうか? はい、大規模核戦争の翌日、だったんですね。コワイですね〜。

邦題案▶『その翌日』

◆ザ・デイ・アフター
83年作品。監督/ニコラス・メイヤー、主演/ジェイソン・ロバーズ。アメリカのABCで放送され、大反響を呼んだTVムービー。日本では翌年早々に緊急ロードショー公開された。ついに勃発した米ソ核戦争の悲惨な様相を描く。

ホーム・アローン

原題 Home Alone

▶「home alone」は「一人で家に残される」ことです。お母さんが子供に「お買い物に行くから、ちょっとhome aloneにするよ」と言ったりします。

▶しかし、この言葉には、いくらか寂しい響きがあるのと同時に、「やっと一人になった!」という、少しだけワクワクするニュアンスもあります。子供にとって、一人で家に残されるのは、好き放題に遊べることにほかなりません。食べる物も、見るテレビも、寝る時間も、みんな自由です。まあ、大きくなるまでは、なかなか一人にしてもらえないのですが。

邦題案▶『ひとりでお留守番』

◆ホーム・アローン
90年作品。監督/クリス・コロンバス、主演/マコーレー・カルキン。クリスマス休暇をパリで過ごすため、飛行機に乗り込んだ一家15人。母親が機中で忘れ物に気づいた。それは、息子のケビン。まだ8歳の子供をたった一人、家に置いてきてしまったのだ……。

Forcibly Translating Foreign Titles Into Japanese

サウンド・オブ・ミュージック

原題 **The Sound of Music**

▶直訳すれば「音楽の音」。重複表現ですね。音楽の音とはどんな音かというと、それはつまり音楽です。劇中、マリアが「♪ The hills are alive, with the sound of music!」と気持ちよさそうに歌っているから気がつかないけど、考えてみると「The hills are alive with music!」と言ったほうが、英語としてもよっぽどきれいです。わざわざ「sound」を言う必要はありません。言葉をメロディーに合わせているだけでしょう。

▶しかし、そうなるとこの題名は、ただ「音楽」という一語になってしまいます。いけません。『音楽』という題の映画を誰が観に行くでしょうか? たぶん客席は音楽の先生ばっかり。

▶したがって、ここでは「sound」を「響き」と訳してみました。フォークナーの名作の『The Sound and the Fury』も、日本語で『響きと怒り』と訳されていますから、それを真似た次第です。

邦題案 ▶ 『音楽の響き』

◆サウンド・オブ・ミュージック
65年作品。監督/ロバート・ワイズ、主演/ジュリー・アンドリュース。オーストリアから亡命した実在の音楽一家・トラップファミリーの物語をもとにしたミュージカル映画。監督のロバート・ワイズは、やはりミュージカル映画の『ウエスト・サイド物語』に続いて、この映画を大ヒットさせた。

パルプ・フィクション

原題 **Pulp Fiction**

▶「pulp」は日本語でも「パルプ」ですね。紙の原料。紙には様々な種類がありますが、高級・低級の違いも歴然としています。古紙やダンボールに水分を加え、よくブレンドして作った安いザラ紙は、高級な文学や機関紙といった気高いものには使われません。ロマンス、ミステリー、エロ、アドベンチャーの小説が印刷されるか、もしくはトイレットペーパーに……。

▶そういう粒々の入った安っぽい紙に印刷されている、まったく知恵や文化的な価値がない、バカ極まりないけれどもやたらに楽しい小説は「パルプ・フィクション」と呼ばれます。つまり、タランティーノ監督のこの映画は、娯楽小説のパロディなのです。「こんなバカな話があるもんか!」とアキレつつも目の離せない、なかなか奥深い映画を作り上げました。

邦題案 ▶ 『ちり紙交換』

◆パルプ・フィクション
94年作品。監督/クエンティン・タランティーノ、主演/ブルース・ウィリス。緻密に計算されたストーリーが魅力の作品だが、一方でブルース・ウィリスやジョン・トラボルタのカッコよさを堪能できる映画でもある。タランティーノは、監督、脚本、出演の三役をこなしている。

洋画の題名、無理に訳せば？

フィラデルフィア・エクスペリメント

原題 The Philadelphia Experiment

▶ この映画のタイトルにもなっている「The Philadelphia Experiment」とは、「Project Rainbow」(プロジェクト虹)とも呼ばれる、1943年に行われた実験のことです。強力な電磁波で軍艦を被ってしまえば、相手のレーダーに映らなくなるはず……と考えられ、ペンシルベニア州フィラデルフィア市の海軍工廠(こうしょう)でその実験は行われました。

▶ しかし、これはまさしく「an experiment gone wrong」(思わしくなかった実験)でした。軍艦は瞬時にその場から消え、100km も離れたところに忽然と現れたというのです。もちろん真偽不明の怪しい話なのですが、本作はこのエピソードをもとに作られた映画です。

邦題案 『フィラデルフィアの実験』

スタンド・バイ・ミー

原題 Stand by Me

▶ この映画の題名(というか、歌の題名)は、しばしば『傍(そば)にいて』と訳されます。日本語としてはきれいだけど、少し物足りないような気もするんですよね。

▶ 「stand by ～(人)」とは、ひどい目に遭っているときにこそ味方をしてくれること、周りのみんなが責めているにもかかわらず、味方になってくれること。誰も自分を信じてくれないようなときでも、本当の友達は「stand by me」をしてくれるのです。

▶ ほかに「I will stand by my word」という言い方もあります。「私は、自分の言葉に対して、完全に責任を持ちます」という意味で、要約して「俺は嘘なんかついていないよ」です。

▶ しかし「Stand by!」と命令形で言われたら、それは「私の味方をせよ」という意味ではなく、「お待ちください」とか「用意して待っていろ」ということです。「スタンバイ」ですね。

邦題案 『味方して』

◆ **フィラデルフィア・エクスペリメント**
84年作品。監督／スチュワート・ラッフィル、主演／マイケル・パレ。1943年、アメリカ海軍はレーダー撹乱装置の開発実験を行っていたが、そのさなか、2人の水兵が現代へとタイムスリップしてしまう……。

◆ **フィラデルフィアの実験**
こういう名称で呼ばれる実験としてはほかに、1752年にフランクリンが行った雷の実験がある。これによって「神の怒り」と思われていた雷が、放電という自然現象であることが証明されたのだ。

◆ **スタンド・バイ・ミー**
86年作品。監督／ロブ・ライナー、主演／リバー・フェニックス。スティーブン・キングの短編を映画化した少年映画の名作。同名の主題歌は、61年にベン・E・キングが歌っていたもので、この映画のヒットと共に再び脚光を浴びた。

Forcibly Translating Foreign Titles Into Japanese

ブレードランナー

原題 Blade Runner

▶強制労働の収容所を脱走して地球に逃げ込んだレプリカント（人造人間）を探し出し、始末する特別捜査官。彼は「Blade Runner」と呼ばれています。いわば、レプリカントの駆除者なのですが、いったいどういう意味なのでしょうか？

▶これは、なかなかの難問です。「blade」は「刃」の意味だし、「runner」は「競走者」。だからといって、刃を持って走っているわけではありません。そんなことしたら、あまりにも危ないし。

▶おそらく比喩なのでしょう。まるで刃の上を走るような危険な仕事をしている捜査官。だからこそ彼は、「ブレードランナー」と呼ばれているに違いないのです！

邦題案 『刃先の疾走者』

◆ブレードランナー
82年作品。監督／リドリー・スコット、主演／ハリソン・フォード。猥雑な空気に包まれた近未来を舞台に、レプリカントと呼ばれる人造人間と、それを制圧しようとするブレードランナーの戦いを描く名作SF。話題を呼んだ美術は、シド・ミードの手による。

タワーリング・インフェルノ

原題 Towering Inferno

▶「towering」は動詞「tower」の現在進行形、つまり「タワーのように高くそびえている」という意味です。

▶そして「inferno」とは、14世紀の前半に、ダンテの『神曲』の初篇として書かれた地獄旅行日記の題名にも使われている言葉。要するに「地獄」という意味です。

▶この「inferno」、もともとはイタリア語で「地下」とか「下のほう」という意味だったらしいのですが、だからこそ『Towering inferno』という題名が面白い。矛盾していますよね、「高くそびえている」と「地下」の組み合わせなんて。

邦題案 『高層地獄』

◆タワーリング・インフェルノ
74年作品。監督／ジョン・ギラーミン、主演／スティーブ・マックイーン。サンフランシスコに完成した138階建ての超高層ビル。だが、落成式の日、発電機が故障して81階から出火してしまう！ はたしてパーティー階にいた数百人の運命は……!?

◆矛盾している
「inferno」と言われると、普通は地下の暑苦しいところを思い浮かべるが、この映画では天を突くような高層ビルが炎の地獄と化す。まことに「irony」（反語、アイロニー）なタイトルである。

●高層ビルが燃え上がる音、「ゴオオオ」。英語では➡

洋画の題名、無理に訳せば？

ダイ・ハード

原題 Die Hard

▶このタイトルにも、いろいろな意味が重なっています。
▶「die」は「死ぬ」で、「hard」は「難しい」「硬い」「つらい」といった意味。この2つが合体した「diehard」という名詞は、「頑強に抵抗するもの」つまり「なかなかくたばらない人」という意味です。劇中、主人公・マクレーンはテロ集団にヒドイ目に遭わされながら、不死身のごとく抵抗するので、まさに「diehard」です。
▶しかしよく見ると、この題名は合成語にもならず、2つの単語に分かれたままです。そうなると、単なる副詞と命令形の動詞の組み合わせになります。つまり「猛烈に死ね」ってコトですね。
▶さらに「die-hard」という形容詞も存在します。これは「情熱的」とか「熱狂的」という意味。「he is a die-hard Hanshin fan」と言えば「彼は熱狂的な阪神ファンです」。
▶というわけで、「なかなかくたばらない人」「猛烈に死ね」「熱狂的」という3つの意味合いを持つのが『Die Hard』なのですが、これを日本語の一言でどう表現すればいいのでしょう？猛烈になかなか難しいですね……。

邦題案『頑強』

◆ダイ・ハード
88年作品。監督／ジョン・マクティアナン、主演／ブルース・ウィリス。クリスマスの日、日系企業のハイテクビルがテロリストに占拠された。たまたま居合わせた刑事・マクレーンは、たった一人で立ち向かうことになるが……。アクション映画の名作。

マトリックス

原題 Matrix

▶「matrix」とは本来、数学の用語ですが、最近ではコンピュータのプログラミング用語としてお馴染みです。
▶劇中では、人類は「Matrix」というプログラムによって、バーチャルリアリティのなかで暮らしています。そして、その真相に気づいた人たちも、そのニセ現実のなかでコンピュータに挑むのです。
▶この映画では、壁や天井を走り回るという、斬新なアクションが話題になりました。「Matrix」という基盤のなかだからこそ、現実以上のことができるわけです。

邦題案『基盤』

◆マトリックス
99年作品。監督／ウォシャウスキー兄弟、主演／キアヌ・リーブス。われわれが現実と信じていた世界は、実はコンピュータによって支配された仮想現実にすぎなかった。驚愕の事実を知らされた主人公は、人類をマトリックスの世界から解放するため、コンピュータと戦うが……。

Forcibly Translating Foreign Titles Into Japanese

ライオンハート

原題 Lionheart

▶う〜ん、「ライオン心」って、どういう心でしょう？　サバンナの木の陰に寝転んで、尻尾でハエを振り払うような心なのでしょうか。否！　これはジャン・クロード・ヴァン・ダムのことなのですゾッ。彼が物を蹴っ飛ばしたり、腕の血管を膨らませたり、なるべくセリフを言わなかったりするような映画なのだから、ここは無骨に「獅子魂」と訳しましょう。ガルルルル。

▶劇中、ヴァン・ダム演じるレオンは、アルジェリアに展開しているフランス外人部隊に入っているのですが、自分の弟がロスの病院で死にかけていることを知って、アメリカに向かいます。その後いろいろあって、結局彼は弟の遺族を守ろうと決意。ニューヨークでストリートファイターとしてお金を稼ぐことにします。

▶そこで彼は、名前の「Leo」にちなんで「Lion」というあだ名をつけられ、やがて「Lionheart」と名乗るようになっていきます。「leo」は「lion」を意味し、「獅子座」のことも「Leo」と言います。日本の有名な漫画『ジャングル大帝』のレオも、そこからきているわけですね。

邦題案　『獅子魂』

◆ライオンハート
91年作品。監督／シェルドン・レティック、主演／ジャン・クロード・ヴァン・ダム。物語は本文のとおり。ルール無用のフィスト・ファイトが見どころのアクション映画。でも、全体のトーンは暗いよ。

サタデー・ナイト・フィーバー

原題 Saturday Night Fever

▶「fever」はもともと「熱病」のことなので、「燃えるようなハマりっぷり」という意味合いもあれば、「感染性の強いウィルスのように流行るさま」といったニュアンスもあります。

▶この映画が公開された70年代後半のディスコブームの頃、「fever」という言葉自体が、まさにフィーバーしました。「disco fever」（ディスコブームのこと）、「Night Fever」（ビージーズの名曲のタイトル）、「Boogie Fever」（シルバーズの曲名）などが当時の流行語になりましたが、ビージーズの裏声のように、いずれも今はあまり耳にしません。

邦題案　『土曜の夜の熱狂』

◆サタデー・ナイト・フィーバー
77年作品。監督／ジョン・バダム、主演／ジョン・トラボルタ。ペンキ屋で働くトニーは、週末にディスコで踊ることで頭がいっぱい。ある日彼は、ステファニーという女性のダンスに目を奪われる……。

◆fever
「フィーバー」という言葉は、この映画の公開当時の日本でも大流行した。空想科学の世界も例外ではなく、79年に作られた番組が『バトルフィーバーJ』。

洋画の題名、無理に訳せば？

ワンス・アポン・ア・タイム・イン・アメリカ

原題 **Once Upon a Time in America**

▶『浦島太郎』など日本の昔話はだいたい「昔々あるところに……」で始まりますね。英語も同じような感じで、イソップの童話の始まりは「Once upon a time...」です。『美女と野獣』も「Once upon a time in a faraway land, a young prince lived in a shining castle」で始まります。

▶しかし、「once upon a time」といえば、普通は何百年も何千年も前のことを言うのではないでしょうか。アメリカの先住民ならともかく、「アメリカ」という名の国家はわずか300年の歴史しかありません。だからこそ、この題名はちょっと面白いのです。大雑把に言って、この映画は、19世紀から20世紀にかけての物語。日本で『昔々、歌舞伎町のキャバクラで』という題名の映画があったら……と想像してもらえれば、だいたいの雰囲気がわかると思います。

▶しかもデ・ニーロが演じる主人公のヌードルズが、いかにも童話的でない人生を送っていることによって、この題名はさらに皮肉っぽく響く。『タワーリング・インフェルノ』のアイロニー（P111右欄参照）とはまた別で、これは「**cynicism**」（シニシズム）、すなわち、冷笑を起こさせるような題名になっているのです。

邦題案 『昔々、米国という邦で……』

◆ワンス・アポン・ア・タイム・イン・アメリカ
84年作品。監督／セルジオ・レオーネ、主演／ロバート・デ・ニーロ。アメリカ禁酒法の時代。ユダヤ移民の少年たちがギャング団となり、最盛期を経て崩壊するまでの40年を描く壮大な物語。

◆once upon a time
決まり文句なので、あまり深く考えたことはなかったのだが、このフレーズをあえて直訳してみると「once upon a time」は「1回、時の上で」という意味だと気づく。まあ、なんとなくわからなくはない、ですね。

モダン・タイムス

原題 **Modern Times**

▶時代を先取りした天才・チャップリンが、現代に至る機械化文明を風刺した映画です。

▶「modern times」という言葉は、普通「現代」と訳すし、この映画の邦題としてもそれがベストかもしれません。ただ、多少「times」にこだわるという手もあります。「time」の複数形は「風潮」や「世相」などの意味で使われます。

邦題案 『現代世相』

◆モダン・タイムス
36年作品。監督・主演／チャールズ・チャップリン。ネジ工場で働くチャーリーは、朝から晩までネジを締めるだけの労働を続けている。そのため、私生活でもその動作が止まらなくなり……というサイレント映画。

Forcibly Translating Foreign Titles Into Japanese

フルメタル・ジャケット

原題 Full Metal Jacket

▶これを直訳したら、『完全金属上着』なんて、トンデモない題名になりますね。それは、いったいどんな映画なのでしょう？しかし映画をよく観れば、「Full Metal Jacket」とは銃弾の名称だということがわかります。「jacket」は上着のジャケットではなく、「弾丸の上着」なのですね。

▶「FMJ」と略される「Full Metal Jacket」は、かなり有名な弾丸です。全体を銅で被われているため、この弾は目標に命中しても変形せず、深く入っていきます。アメリカ軍はこれを「人道的な弾」と呼びました。人体に対して貫通力が強いということは、殺傷力が弱いということ。体内に留まらないわけですからね。そして、戦場では、殺してしまうよりも、ちょっとしたケガを負わせたほうが敵にとって負担が増すだろう（救護のための人材が必要になるので）と考えられ、ベトナム戦争で使われるようになったのです。「FMJは人道的だし、勝利にもつながる」という屁理屈。ある意味で、ベトナム戦争そのものが、同じような理屈でぶち上げられたともいえます。優しく人道主義的に、共産主義のベトコンにケガを負わせて、資本主義を取り戻し、あっさりとベトナムを出よう、という作戦だったのに、やはりそうはいかず、大変な悲劇に拡大していきました。にもかかわらず残念ながら、このアメリカ軍の基本的な精神は、いまだに変わっていないと言えそうです。

▶この映画に、「Full Metal Jacket」という言葉は一度だけしか出てきません。デブでのろまなレナードは、軍隊基礎訓練のキャンプで残酷ないじめに遭ってからというもの、異常な行動が目立ち始めます。訓練最後の夜、ひとりトイレで銃を磨くレナードに対して、彼の唯一の友達であるジョーカーが「その銃って、本物の弾が入ってんのか？」と問います。彼はきっぱりと「七・六・二ミリ、フルメタル・ジャケット」と答え、軍曹をこの「FMJ」の弾で撃ち殺します。その後、彼が撃ったのは……。あとは、ぜひ映画をご覧ください。

邦題案 『軍用被甲弾』

◆フルメタル・ジャケット
87年作品。監督／スタンリー・キューブリック、主演／マシュー・モーディーン。ベトナム戦争のための兵士を育成する海兵隊の訓練基地。若者たちはそこで、8週間にわたり、戦場の殺人マシンとなるべく厳しい訓練をこなしていく……。

洋画の題名、無理に訳せば？

トゥルー・ライズ

原題 True Lies

▶『トゥルー・ライズ』は91年のフランス映画『La Totale!』のリメイク版だそうですが、英語の題名『True Lies』は「True」(本当の)と「Lies」(嘘)の矛盾した組み合わせである。つまり『正真正銘の嘘』。

▶「オタッキーなコンピュータ営業マン」として平凡な生活を送っているハリーは、実は秘密機関に属し、テロ組織と戦っている。本当のことは妻にも言えない。一方、妻は車のセールスマンとの不倫に走るが、セールスマンは自分をスパイだと偽って……。

▶真実が嘘だとわかったり、嘘が真実だったりするこの映画、まさに『True Lies』というタイトルがぴったりです。

邦題案 『正真正銘の嘘』

◆トゥルー・ライズ
94年作品。監督／ジェームズ・キャメロン、主演／アーノルド・シュワルツェネッガー。物語は本文のとおりだが、やがて妻の不倫に気づいたハリーは、自分の正体を明かすことになる。ところが、真実を述べたところ、より大きな事件に巻き込まれ……。

フィフス・エレメント

原題 The Fifth Element

▶古代エジプトでは、ありとあらゆるものは「火、水、土、風」という4つの元素からできている、と考えられていました。これら元素のことを英語で「element」と言います。

▶今では、元素の周期表には118個もの元素が載っていますが、この映画における「エレメント」の解釈は、かつてのエジプトを基本にしていました。そして「火、水、土、風」という4つの元素に続く「fifth」(5番目)の元素が、基本の4つのエレメントを結合させて、5千年に一度この世に現れる反物質的な「悪」に立ち向かう——という設定でした。

▶現実的には、原子番号5というのはホウ素ですね。金属特性が低く、珪素のような半導体の性質を持っています。でも、劇中で「The Fifth Element」とは、世界一の美人、ミラ・ジョヴォヴィッチが演じる「リールー」のことでした。あくまで個人的な意見ですが、ホウ素なんかより、ミラ・ジョヴォヴィッチのほうがよっぽど素敵な「元素」です。映画の世界はやはりいいですよね。

邦題案 『第五元素』

◆フィフス・エレメント
97年作品。監督／リュック・ベッソン、主演／ブルース・ウィリス。舞台は23世紀。破滅の危機にある人類を救うべく、少女・リールーは元宇宙連邦軍のエースと戦い始める……。

COLUMN
この邦題が素晴らしい！

▶タイトルって、難しい

「洋画の題名、無理に訳せば？」の章では、原題をそのままカタカナにしただけと思われる映画について、僕なりの邦訳を試みたけれど、その結果「獅子魂」とか「中国症」とか、わけのわからない題名を連発してしまった。いやぁ、「題名の翻訳」という仕事がいかに難しいか、よ〜くわかりました。

2時間の映画の内容を数単語で表さなければいけない。洒落た言葉は使いたいが、単純で力強い表現である必要もある。まるで俳句だ。しかも、駄作は許されず、失敗すると誰も映画を見に来ない。→興行会社が大損害をこうむる。→仕事がなくなる。→奥さんに逃げられる、などという厳しい状況に陥るだろう。つまり、大変な仕事だ。

そんな仕事を一生懸命やっている翻訳者のために、ここでは「邦訳されて、かえってカッコよくなった映画」の例を挙げてみたい。

まず、単純に素晴らしい邦題といえば、『風と共に去りぬ』がある。なんと優雅なタイトルであろうか。だが、この映画の原題は『Gone With the Wind』。まあ、直訳であり、原題が素晴らしいのだと言うべきかもしれない。

▶原題がイヤになった！

原題とまったく異なった題名で僕が好きなのは『明日に向って撃て！』(69年)だ。この作品は映画自体が傑作で、ちょっと大人びたポール・ニューマンの表情といい、バート・バカラックの意外性のあるサウンドトラックといい、西部劇には珍しい芸術的なカメラワークといい、僕の好きな映画ベスト10には確実に入る。

だが、その原題は『Butch Cassidy and the Sundance Kid』。主人公2人組の名前を単純に並べただけのもので、欧米の映画には多いパターンだが、ちょっと物足りない。『風と共に去りぬ』に『レットとスカーレット』と名づけるようなものだから。

2人の無法者・ブッチとサンダンスは、保安官から逃げてはるばるボリビアまでやってくるが、いよいよそこで追い詰められる。ある建物に逃げ込むが、外には大勢の騎兵隊が待ち受けているし、彼らも大ケガを負っている。もう絶体絶命。なのに2人は「これからオーストラリアにでも逃げようか」「あそこってほら、英語圏だからここみたいに外人扱いされないし」などと気楽に話しているのだ。最後の最後まで、明日に向かおうとする2人。そして……。『明日に向って撃て！』というタイトルは、そんな無法者たちの一生を一言で表しており、まことに素晴らしい！

この邦題を知ってから、僕は本来の『ブッチ・キャシディとサンダンス・キッド』なる原題がすっかりイヤになってしまった。アメリカ人として、それもどうかと思うんだけど……。

カッコイイ言葉 ⑤ 『ウルトラセブン』から、アンヌに正体を明かすダンの言葉

ダン「アンヌ、僕は……
僕はね、人間じゃないんだよ。
M78星雲から来た
ウルトラセブンなんだ。
……びっくりしただろう？」
アンヌ「……ううん。
人間であろうと宇宙人であろうと、
ダンはダンに変わりないじゃないの。
たとえ、ウルトラセブンでも」
ダン「ありがとう、アンヌ。(略)
西の空に、明けの明星が輝くとき、
ひとつの星が宇宙に帰っていく。
それが僕なんだよ。
……さようなら、アンヌ！」

Dan: "Anne, I... I'm not human.
I'm Ultra Seven, from Galaxy M78...
Are you taken aback(1)?"
Anne: "No... It doesn't matter if(2) you're human or alien, because Dan will always be Dan.
Even if you are Ultra Seven."
Dan: "Thanks, Anne.
In the western sky,
when Venus(3) blazes,
one small star will return to space.
That star is me.
...Goodbye, Anne(4)!"

(1) **taken aback**：びっくりしている
「surprised」よりやや強い言い方ですが、宇宙人であることを明かしたダンがここで「Are you surprised?」なんて言ったら、あまりにも気楽な感じで、とても信じてもらえまい。

(2) **it doesn't matter if〜**：〜だとしても、〜であろうが
「matter」は動詞で、「重要である」の意味なので、「〜doesn't matter」は「〜は重要ではない」。「Nothing matters!」と言うと、「何もかも空しいや！」とあきらめを表します。

(3) **Venus**：金星、明星
「the morning star」とも言いますが、去りゆくセブンの「star」とダブってしまうので「Venus」を選びました。ローマ神話では、金星のVenus(ウェヌス)は美と愛欲の神でありますから、ダンはここでアンヌへの気持ちを表しているのかもしれません。ウルトラセブンはなんと詩的な言葉遣いをするのであろう！

(4) **Anne**：アンヌ
実は、このスペルだと「アン」と発音しますが、英語版のDVDも「Anne」になっているし、スペルはこれしか思いつかない。カタカナそのままに「Annu」と書くと、女らしさがまったくないどころか、「年」の意味になります。

※明けの明星＝金星は太陽と同じ方角に輝く。したがって、ダンのセリフ「西の空に」は間違いで、太陽の昇る「東の空に」(in the eastern sky)が正しい。だが、この話をしたとき、ダンは疲れ果てており、具合も悪かったのだ。大目に見よう。

Chapter 7
空想科学的表現

Dream Science Phraseology

▶この章で扱うのは、TVや映画の空想科学世界というより、それを題材とした『空想科学読本』の世界。これまでのシリーズで得られた科学的結論のなかから、特に印象深かったものを簡潔にまとめ、日本語と英語でそれぞれ掲載する。

▶「相似」「平方根」「質量保存の法則」など、数学や科学の用語はただでさえ難しい。それらを使って、人間の数十倍に巨大化したり、あまりにも大きなブランコを漕いだり……という空想科学的な行為を表現しようというのだから、これはかなり難解な英語である。スケールの大きさに惑わされず、落ち着いて取り組もう。

相似比

Ratio of Similitude

ウルトラマンの体重は適正か？

ウルトラマンの身長は40m、体重は3万5千t。日本人男子の平均と比べれば、身長は23.5倍、体重は53万倍である。体の体積は身長比の3乗に比例するため、人間をウルトラマンの大きさに相似拡大すれば、体重は1万3千倍になるはず。身長40mのウルトラマンは、人間が40mに巨大化したときより、実に41倍も重いのだ。

Is Ultraman's weight feasible?

Ultraman has a height of 40 meters and a weight of 35,000 tons. This is 23.5 times the height and 530,000 times the weight of the average Japanese man. Any growth in a human's height implies a proportionate increase in volume equivalent to the change in height cubed. Thus, for a human being to grow to the size of Ultraman, his weight should be proportionately scaled by 13,000. This means that Ultraman is some 41 times heavier than a real 40-meter human being would be.

解説

◆a height of／a weight of
身長や体重を表す場合などに用いる表現です。「高度3千mで」は「at a height of 3,000 meters」。

◆23.5times／530,000times／41times
これらは回数を示す「times」ではなく、倍数の「times」です。同じく、掛け算にも「times」を用います。「5×2」は「five times two」、したがって「2の5倍」も「five times two」です。

◆～cubed
「～の3乗」という意味です。「cube」は「立方体」を意味しますが、立方体の体積は一辺の長さの3乗であることから、数字の3乗も「cube」。過去分詞の「cubed」になっているのは、受身形、つまり「3乗された」という意味です。たとえば「3 cubed is 27」は、「3乗された3は27です」という意味になります。

◆ratio of similitude
「similitude」は「相似」(「似ている」の「similar」から)、「ratio」は「比」。「similitude ratio」とも言います。

自由落下　Freefall

ライダーキックを実践すると？

仮面ライダーは真上にジャンプした後、斜めに降下してライダーキックを決める。これはまことに不可解な現象だ。垂直に上昇した物体は、水平方向の力が加わらない限り、重力を受けて垂直に自由落下するしかない。彼は25mもジャンプできるというが、それで真上に跳び上がっても、6秒後に離陸地点に降りてくるだけである。

What happens when you execute a Rider Kick?

Jumping directly upward into the air, the Masked Rider descends diagonally to the ground, executing his infamous Rider Kick. This is indeed a strange phenomenon. As long as no horizontal force is applied, any body propelled perpendicularly upward from the earth should inevitably succumb to gravity and enter into freefall. The Masked Rider is capable of jumping some 25 meters into the air; however, he is doomed to plummet back onto the very spot he jumped from 6 seconds later.

解説

◆execute
「～を決める」「実行する」という意味で、とりわけプロレスなど、いわゆる格闘技の「ワザ」に対して用います。野球で「ストライクを決める」というときなどには使いません。「ストライクを実行する」なんて、なんとなくわかるけど、変ですもんね。

◆indeed
「まったく」の意。文章の最後につけることが多い。たとえば上記の文章でも、「this is a strange phenomenon indeed」と言ってもOKです。

◆As long as～
「～の限り」「～する限り」。

◆horizontal
「水平方向の」「平面の」。名詞形の「horizon」は「地平線」を意味します（P41参照）。

◆inevitably
「～に違いない」「必然的に」。どちらかといえば、絶望的な、避けられないような状態に使われます。「this year it's the Giants again, inevitably」（今年も巨人に違いない）と言うと、実は巨人じゃイヤだけど優勝は必然的だ、ということです。

◆freefall
「自由落下」。この日本語は、英語の直訳です。高校時代に流行ったトム・ペティーの歌『Freefallin'』を思い出します。「俺は自由落下しているさ」と、世を捨てたフリーターの気持ちを歌っている歌でした。

◆is doomed to
「～する運命を持っています」。

音の速さ   Speed of Sound

笛で助けを呼ぶなんて……

マモル君はピンチになると、笛を吹いてマグマ大使を呼んでいた。空気中の音速は、気温15度のときに、秒速340m。もし、マモル君が北海道の真ん中におり、マグマ大使が東京にいたとしたら、SOSが届くだけでなんと50分もかかってしまうのだ。電話をかけたほうが、よっぽど早い。

Who summons help with a whistle?

Whenever Mamoru gets in a tight spot, he blows on whistle to call Ambassador Magma. At an atmospheric temperature of 15℃, sound travels through the air at a speed of 340 meters per second. If Mamoru were to stand in the middle of Hokkaido, for example, while Ambassador Magma was in Tokyo, it would take some 50 minutes before Mamoru's SOS even reached Magma. It'd be a heck of a lot faster to just use the phone.

解説

◆**get in a tight spot**
「ピンチになる」。「get in a pinch」と言ってもOKです。「pinch」は「つねる」という意味なので、「get in a pinch」は、まるで運命の巨大な指につねられているような状態に陥る、ということ。上の文章のように「get in a tight spot」なら、直訳すると「きついところに陥る」になります。危機的状況が迫り、その状況に挟まれているような気持ちを表しています。

◆**some**
「いくつかの」という意味でお馴染みですが、ここでは強調に使っています。「I spent some 50,000 yen on comic books last month」(私は先月、なんと5万円も漫画に費やしたぜ)という具合に使います。

◆**a heck of a 〜**
「よほど〜」。つまり、マモルの笛より電話のほうがよっぽど早いわけです。こんな比較の文だけでなく、「a heck of a lot of money」(よほどのお金)のようにも使えるし、「すごい」という意味で、「that's a heck of a car!」(すごい車だね!)というふうにも使えます。

◆**SOSが届くだけで**
アメリカでいえば、もしもマモルがカリフォルニア州のサンフランシスコに、マグマ大使が同州のロサンゼルスにいたとしたら、SOSが届くのに28分。マグマ大使がニューヨークにいようものなら、実に3時間もかかります。音は遅いと嘆くべきか、アメリカは広いと驚くべきか。

質量保存の法則 — The Law of Conservation of Mass

ヒーローは、一瞬で巨大化する

モロボシ・ダン青年は、ウルトラアイを装着することで、一瞬にして体重3万5千tのウルトラセブンに変身する。だが、この宇宙には「質量保存の法則」が存在する。変身したからといって瞬時に質量が増大することはないから、ウルトラアイの重量を含めて最初から3万5千tあったと考えるほかない。宇宙一重いメガネであろう。

Heroes instantly waxing gigantic

By engaging the Ultra Eye, young Dan Moroboshi instantly transforms into the 35,000-ton Ultra Seven. However, in our universe there exists something called "The Law of Conservation of Mass." Moroboshi may transform into Ultra Seven in the twinkling of an eye, but his mass must necessarily remain the same. Thus we conclude that the Ultra Eye is maintaining Ultra Seven's bodyweight of 35,000 tons. Maybe he's got the heaviest pair of glasses in the universe.

解説

◆in the twinkling of an eye
「まばたきする間に」の意。直訳すれば「目がきらめく間に」です。

◆we
科学的あるいは数学的な説明は、主語に「we」を用います。絶対的な事実を言っているはずなので、「I」では物足りないし、日本語のように主語を省けばいいというわけにもいかないので、英語では「we」になります。この「空想科学的表現」コーナーの英文も、多くの主語が「we」になっていますので、確認してみてください。

◆pair of glasses
モロボシ・ダンがメガネを二重にかけているわけではありません。メガネには普通レンズが2つ入っているので、「一組」という意味で「pair」なのです。

◆The Law of Conservation of Mass
「質量保存の法則」。「conservation」は「保存」のことで、「エネルギー保存の法則」は「The Law of Conservation of Energy」。「conservation」にはほかに「保全林」とか「自然保護地区」という意味もあります。よって「conservationist」は「自然保護主義者」。

仕事率　Power

ブレストファイヤーの威力

マジンガーZは体重20t、出力65万馬力。胸から発射する熱線「ブレストファイヤー」で、自分と同じ程度の大きさの敵ロボットを溶かし切る。敵ロボットの体重が20tとした場合、65万馬力の出力を持つ光線でそれだけの鉄を溶かすには、59秒かかる計算になる。そんなに長い時間、敵はじっとしていてくれるだろうか？

The brute force of Breast Fire

Majinger Z has a weight of 20 tons and a power output of 650,000 <u>horsepower</u>. <u>By firing</u> a thermic ray known as "Breast Fire," he <u>is capable of</u> melting through enemy robots of similar size to himself. Assuming that the enemy robot has a weight of 20 tons, <u>we find that</u> it would take 59 seconds for a 650,000 horsepower beam to melt that much iron. Do you really think his enemies are going to <u>sit still</u> for that long?

解説

◆horsepower
「馬力」。日本語と英語がいつもこうやって一致していたら楽なんだがなあ……。

◆by firing
「by + 進行形」は「〜することによって」。ここでは「胸から『ブレストファイヤー』という熱線を発射することによって」です。

◆is capable of
「is capable of+ 動名詞」は「〜ができる」ということです。「I can melt」とまったく同じ意味で、「I am capable of melting」とも言えます。ただし、普通の会話で「I am capable of eating natto」などと言おうものなら、大変オタクっぽい人間だと思われます。日本語で「納豆を食べることはワタクシのできる範疇に入っています」などと言うような感じ。

◆we find that 〜
一般的に「find」は「見つける」ですね。しかし「find」の次に接続詞の「that」がくると、「知る」「わかる」という意味になります。つまり、「59秒もかかるということがわかる」のです。

◆sit still
「じっとする」。実際に「座っている」という意味の「sit」じゃなくて、「おとなしくする」というような意味です。似たような表現に「Sit tight！」（ちょっと待っていてくれ！）というのもあります。

振り子の周期　　　Period of a Pendulum

長すぎるハイジのブランコ

アルプスの少女ハイジは、番組のオープニングで長い長いブランコを漕いでいた。画面で測定すると、往復に要していた時間は12秒。ブランコの周期はロープの長さの平方根に比例するので、その長さは37mであったことがわかる。8歳の少女が遊ぶには、なんと危険な遊具だろう！

Heidi's overlong swingset

During the opening sequence of Heidi, Girl of the Alps, Heidi is swinging on a long, long swingset. Estimating <u>as best as we can</u> from the images on the screen, we find that one trip <u>back and forth</u> on the swingset takes <u>roughly</u> 12 seconds. This "period" should be proportionate to the square root of the rope's length—thus we conclude that the rope's length is 37 meters. Seems like an awfully dangerous amusement for an 8 year-old girl.

解説

◆as best as we can
かの有名な「as ～ as」ですが、「できるだけうまく」「ベストを尽くして」という意味です。実際には、2番目の「as」を抜かして使うことがしばしば。「Speak English as best you can!」と言われたら、「できるだけうまく英語を話そう」、つまり「無理をしなくていいけど、できる範囲の言葉で話そうね」ということです。上の説明では、「画面でできるだけ推測すれば……」というふうに使っています。

◆back and forth
「往復」。考えてみれば、「forth and back」のほうが順番的にわかりやすいけれども、どういうわけか「back and forth」が定番の言い方です。「round trip」も同じような意味がありますが、振り子をイメージさせるブランコには、「back and forth」のほうがふさわしい。

◆roughly
「rough」は「粗い」「ざらざらした」など未完成な感じを表す言葉なので、副詞の「roughly」は「だいたい」「おおよそ」になります。ほかに「乱暴に」という意味もあります(P9参照)。

◆period of a pendulum
「振り子の周期」。この「period」には「時代」の意味もあります。「Yedo Period」と言えば、最も有名なpendulumの「フーコーの振り子」が作られた時代です。

指数関数　　　　　　　　　　Exponentials

巨大化する敵

戦隊ヒーロー番組の怪人は、攻撃を受けてやられそうになると30倍ほどに巨大化する。正義の戦隊は巨大ロボットでこれを攻撃するが、「また大きくなるかも……」と心配したことはないのだろうか？　もし、同じ増大率で巨大化したら、2回目の攻撃で900倍になる。5回目の攻撃では、なんと地球の2倍の大きさになってしまう。

Bourgeoning foes

In Japanese superhero programs like "The Power Rangers," evil creatures often grow to 30 times their original size when the tides of battle turn against them. The rangers subsequently attack it with a giant robot, but one can't help but worry that the creature might just get bigger again. If the creature continues to grow at the same rate, a second attack would cause the creature to grow to 900 times its original size. After 5 such attacks, believe it or not, it would be twice the size of the earth!

解説

◆like "The Power Rangers"
『The Power Rangers』とは、もともと日本の戦隊ヒーロー、とりわけ『恐竜戦隊ジュウレンジャー』のことで、およそ10年前にアメリカで大流行しました。戦いの場面はそのままで声だけを吹き替えして（口が見えていないので大丈夫！）、変身前の場面は別の役者を使って撮り直していました。黒いレンジャーは黒人、ピンクレンジャーはかわい子ちゃん、黄色レンジャーは黄色人種……といった非常に安直で差別的なキャスティングに驚いたものです。それはともかく、アメリカ人に「戦隊」を説明するには「Power Rangers」と言うのがいちばん早い。

◆the tides of battle
直訳すれば「戦いの潮流」。自分がやられそうなときは、潮の流れが「turn against me」、つまり自分に反しているわけですね。

◆can't help but ～
「～しないではいられない」。ここでは、怪人がもっと大きくなるのではないかと、心配をしないではいられない。

◆believe it or not
直訳すれば「信じようが、信じまいが」ですが、「なんと」のように強調するために使います。

速度と時間 / Velocity and Time

巨大要塞は何階建てなのか？

デス・スターは、球形の宇宙要塞である。その直径は120km。内部が高さ3mの同心球に分割されているとすれば、なんと2万階建てということになる。1階から2万階へ移動するのは大変だ。横浜ランドマークタワーにある世界最速のエレベーターは分速750mだが、それが設置されていたとしても、ノンストップで1時間20分かかってしまう。

How many floors in a gigantic battlestation?

The Death Star is a large spherical fortress. Its diameter: 120 kilometers. Divided up into 3-meter floors, like a building, it would contain some 20,000 stories. Traveling from the first to the 20,000th floor would be a pain, indeed. The Yokohama Landmark Tower is equipped with the world's fastest elevator, traveling at a speed of 750 meters per minute; however, even this speedy elevator, going nonstop, would take an hour and 20 minutes to travel through the Death Star.

解説

◆floors
「階」。床という意味から。

◆some
「なんと」。P122「音の速さ」参照。

◆stories
「floors」とまったく同じ意味です。ひとつの文章中に同じ単語が続かないように、1回ずつ使っています。

◆a pain
直訳すれば、「痛み」です。しかし「a pain」と単数の名詞として使うときは、身体的な痛みではなく、面倒くささを言います。「My job is a pain!」と言うと、相撲取りとかをやっているのではなく、何か細かくて面倒くさい仕事をしているということです。おまけに、「面倒くさい」より少し広い意味があるので、人間に対しても使えます。「He is a pain!」と言うと、「彼は拷問屋です」じゃなくて、「あいつってウザいよね」です。

◆velocity and time
「速度と時間」。「velocity」と「speed」はどう違うのでしょうか？ 「velocity」は「速度」、つまり方向量のある速力です。「speed」は「速さ」、方向量のない、ただの距離と時間の関数です。

カッコイイ言葉【番外編】　『巨人の星』から、オズマと飛雄馬の「人間らしさ」をめぐる会話

オズマ「オレニハ恋人ガイナイ。オマエニハイルカナ？」

飛雄馬「い……いない……。ほしいとも思わんっ。強いて言えば野球が恋人だ！」

オズマ「オレハ野球ノ理論書以外、本トイウモノヲ読ンダコトガナイ。オマエハ読ムカ？」

飛雄馬「よ……、読まんっ」

オズマ「オレハ音楽モワカラン。オマエハ？」

飛雄馬「わからん。おれも……」

オズマ「オレニハ野球ニ関係ナイ友人ガ、ヒトリモイナイ。オマエハ？」

飛雄馬「おれもないが……、野球の友人だけでいい……」

オズマ「オレハ野球以外ノユメヲイダイタコトガナイ。オマエハ？」

飛雄馬「おれのゆめは巨人の星のみ！」

(1)「ain't」は「haven't」の俗語です
　アメリカ中の誰もが使っている言葉です。そして「ain't 〜 no」ですから、二重否定になっているのですが、それでも文意は否定文のままです。合わせて「don't」の意味になります。「I don't have a girlfriend」ということ。

(2)「lover」のニュアンス
　オズマは「girlfriend」を使っているのに、どうして飛雄馬「lover」と答えるのでしょうか。英語で恋人を表す場合、下記のような言葉の使い分けをします。
　◆girlfriend/boyfriend：つき合っている人。これは、中学生でも小学生でも使えるような言葉です。オズマは飛雄馬のことを知らないので、「girlfriend」を使います。
　◆sweetheart：これはもうちょっと本格的なつき合いです。高校生ぐらいじゃないと使えない。ラブラブ、という関係ですね。
　◆lover：大学を卒業して、社会人になってから使う言葉です。肉体的な関係を結んでいる、という意味です。したがって、これはあまりかわいい言葉とはいえませ

Ozma : I ain't⁽¹⁾ got no girlfriend. You got yourself one?
Hyuma: N...No.... And I don't want one. You could say that baseball is my lover.⁽²⁾
Ozma : I have never⁽³⁾ read a book, save for books about baseball theory. You read?
Hyuma: N...No I don't.
Ozma : I don't really get⁽⁴⁾ music, either. You?
Hyuma: Naw.⁽⁵⁾ Me neither.
Ozma : I don't have any friends that aren't baseball buddies.
Hyuma: Me too. Baseball is the only friend I need…
Ozma : And I've never had any dreams in life besides baseball dreams. You?
Hyuma: My only dream is to become the Star of the Giants.

ん。詩や歌には出てくるけれど、一般的な会話で「he has a lover」と言うと、それは正式につき合っているのではなく、「不倫相手がいる」みたいな感じです。肉体的なニュアンスも強いし……。そこで、ここではあえて、「baseball is my lover」と飛雄馬に言わせました。このときの飛雄馬にとって、野球が恋人であることは、必ずしも嬉しいことではなかったからです。

(3)「I have never」は経験を示す現在完了形

「主語＋have/has＋動詞」で「〜をしたことがある」になるし、上の文章のように「主語＋have/has＋never＋動詞」で「〜したことがない」になります（下から3行目「I've never」はその短縮形）。野球に夢中だったため、オズマはいろんな当たり前のことを経験していない。そこで「I have never〜」と述べているのです。

(4)「get」は「understand」という意味です

よく「Get it?」と言って、「わかるかい？」と相手の理解を問います。

(5)「Naw」は「ナー」と発音して、「いや」という意味です

COLUMN
アメリカで流行った空想科学番組とは？

▶その名は『トランスフォーマー』

『ポケモン』『ドラゴンボール』『パワーレンジャー』など、日本で流行った数々のTV番組がアメリカに輸出され、大ヒットを記録しているのは有名な話だ。アメリカ人の趣味と日本人の趣味が近づいてきた、ということだろう。だが、それはここ10年少々のことにすぎない。

僕の子供の頃は、アメリカのTVで日本のアニメが流れることなど、ほとんどなかったように思う。日本といえば車。アニメといえばディズニー。そんなイメージしかなかったのだ。ところが、当時の僕が熱狂的に見ていたアニメ番組が、実は日本製だったのである。

その番組とは『トランスフォーマー』。車や飛行機が人間型のロボットに変身するというアニメだった。

ロボットとはいっても、人間が乗るタイプではない。自ら意思を持つ彼らはロボットだけの星・セイバートロンに住み、ロボットだけの社会を築いている。そして、善のロボットと悪のロボットがひたすら戦う——という単純な話だったのだが、これは衝撃的だった。体の形を変えて、飛行機のようになるなんて！と、僕は仰天し、そして「僕も乗り物になれたらなあ」と思ったものである。

この番組は、当時のアメリカでは『ポケモン』を超えるような人気を博していた。TVの視聴率はもちろん、玩具その他の関連グッズもすごかった。トランスフォーマーのチャリ、トランスフォーマーの弁当箱、トランスフォーマーのタオル、そして僕のベッドには、トランスフォーマーのシーツが敷いてあった。

▶日本製とは思わなかった！

劇場版映画が作られたときなど、声優はみんな有名な俳優ばっかり。DJの王様といわれるケーシー・ケーセム、『スター・トレック』の「スポック」役のレナード・ニーモイ、名監督オーソン・ウェルズまでが声を当てていた。当時、僕は7歳で、もちろん公開の日に見に行った。物語の最後に、善のロボットのリーダー・オプチマスプライムが死んでいく場面があって、それを見た僕はわーわー泣いた。映画館中の子供たちが泣いていた。

僕はこのアニメをアメリカ製だとばかり思っていた。これだけのめり込みながら、なぜ日本のものだと気づかなかったのか？　僕が思うに、アメリカ人が日本のアニメを見るとき、ある種独特の「暗さ」を感じるものだが、『トランスフォーマー』にはそれが全然感じられなかった。ダサイほどに、さばさばした雰囲気で、だからこそアメリカで流行ったのではないだろうか。

だが、日本で『トランスフォーマー』の話をしても、ほとんどの人が知らないのだ。不思議に思って調べてみたところ、これは最初からアメリカ向けに作られた日本アニメだったのだという。そ、そうだったのか！　ということは、日米の趣味が近づいてきたのは、やはりここ10年の話だということか……。

Chapter8
世界観を説明しよう!

The Dream Science World View

▶空想科学映画の元祖『ゴジラ』から半世紀。日本の国際化は進み、われわれが外国人や英語と接する機会は飛躍的に増加した。幼い頃から慣れ親しんだ空想科学の世界を外国人に語って聞かせることくらい、過不足なくできなければならない時代になったのだ。
▶そこで本書の締め括りとして、『仮面ライダー』や『巨人の星』などの世界観を外国人に伝えるコミュニケーションの方法を考えよう。想定した相手は「空想科学世界に関して何の予備知識もないアメリカ人」。難関である。だが、ぜひともこれをマスターし、日本の誇る空想科学の世界を海外に知らしめていただきたい。

『仮面ライダー』の世界観を説明しよう

◆仮面ライダー
71年から放映されたヒーロー番組。のちに続々と仲間が誕生することになるが、最初の『仮面ライダー』に登場したのは、1号と2号。約2年にわたって、2人でおよそ120体のショッカー怪人を倒した。あまりに強い。というか、120連敗もしたショッカーのダメぶりのほうが気にかかる。そもそも2人のライダーに超人的な能力を与えたのも、ショッカーだったはずなのだが……。

日:「世界征服を企てる秘密結社・ショッカー。彼らの野望を粉砕するために、敢然と立ち上がったのが、仮面ライダーです」

米:「仮面を被ったライダー？ ライダーなら、被るべきはヘルメットではありませんか？」

日:「それだと普通のバイク乗りになってしまいます。彼は仮面ライダーなんです！」

米:「仮面ね？ 何の仮面を被っているのですか？」

日:「……バッタの仮面です」

米:「バッタの？ 昆虫の仮面？ なぜ？ その人はなぜ、そんなモノを被る？」

◆バッタの改造人間
具体的にどう改造されたのかは不明。本文では「mutant grasshopper man」と英訳しているが、仮面ライダーを「ミュータント」と言ってよいかどうかはわからない。柳田理科雄は『空想非科学大全』(空想科学文庫／メディアファクトリー)で改造人間の謎に取り組んだが、「外科手術とすればバッタが20万匹必要」とか「手術に190万年かかる」といったおかしな結論に至り、話をさらにややこしくした。

日:「か、彼は、バッタの改造人間だからです」

米:「も、もう一度言ってください。バッタが改造されて……？ それで？」

日:「……バッタの改造人間」

米:「あの、バッタを改造すると、人間になると？」

日:「わ、私にも詳しいことはわかりません。ショッカーがそうしちゃったのです」

米:「なるほど。すると、仮面ライダーという人は、身長5cmくらいの小さな人なのですか？」

◆180cmくらい
調べてみたところ、本郷猛が変身する仮面ライダー1号の身長は、180cmちょうどだった。ところが、一文字隼人が変身する2号は172cm！ ありゃ、意外と小さいなあ。

日:「いえ、彼の身長は180cmくらいです。日本人としても大きなほうでしょう」

次の見開きに続く

The Masked Rider

Shocker – they're a <u>cabal</u> conspiring to take over the world. And it's the Masked Rider who boldly stands up to spoil their ruthless plots.

A Masked Rider, eh? If he's a *rider*, shouldn't he be <u>sporting</u> a helmet instead?

But then he'd just be your everyday <u>biker</u>. We're talking about <u>*the*</u> Masked Rider, here!

A mask, <u>eh?</u> What kind of mask does he wear?

...A <u>grasshopper</u> mask.

Grasshopper? The mask of a *bug*? Why? Why would he wear a thing like that?

He – he is a <u>mutant</u> grasshopper man.

C-could you repeat that? A grasshopper mutates and...then what?

...A mutant grasshopper man.

A grasshopper mutates, and becomes a man?

<u>Look</u>, I don't really know all the details. That's just how Shocker made him.

<u>Gotcha</u>. So this Masked Rider guy is like 5 centimeters tall?

No, he's about 180 centimeters tall. Which is rather tall, for a Japanese person.

◆cabal：「秘密結社」のこと。また、「ショッカー」はそのまま「Shocker」とした。「ショックを与えるもの」という感じ。

◆sport：ここでは「スポーツ」ではなく、「着飾る」という動詞。

◆biker：英語では、バイクに乗っている者は「バイカー」と言う。「ライダー」は「乗り手」という意味で、バイクだか一輪車だか、何に乗っているのかわからない！

◆the：これを強調しているのは、「唯一の仮面ライダーだぞ」という感じを出したから。「そこらへんのバイク乗りじゃないぜ」と。

◆eh?：これで「仮面ね？」というニュアンスが出る。相手の言うことをわかっているような、よくわからないような、理解と誤解の境界線にいるような気持ちの表現。

◆grasshopper：「grass」（草）＋「hop」（跳ねる）で「草を跳ねるもの」、つまりバッタ。

◆mutant：突然変異体。『X-MEN』や『Teenage Mutant Ninja Turtles』など、アメリカで知られた変身モノは多くが「mutant」なので、とりあえずこの言葉を使ってみたのだが……。

◆look：自分の発言を「look」で始めるのは、相手に理解してもらえずに、「要するに」や「だから」などと言って仕切り直す感じ。

◆gotcha：「ガッチャー」と発音する。「なるほど」という意味。

turn the page...

『仮面ライダー』の世界観を説明しよう

米：「へえ！　日本にはそんなに大きなバッタがいるんですか？」

日：「そういう意味ではありません！　あの……、そろそろ話題を変えたいのですが」

米：「バッタの話題を持ち出したのは、あなたですよ」

日：「昆虫の話をしたいのではなく、仮面ライダーがいかに素晴らしいかを伝えたいのです！」

米：「わかりました。ぜひ話してください」

◆ライダーキック
15〜25mも跳び上がって、全力で敵を蹴り飛ばす乱暴なワザ。そんなに高くジャンプしている間に、敵の怪人は逃げ去らないのだろうか？

日：「彼の必殺技は『ライダーキック』というものです」

米：「キック!?　バイクに乗りながら蹴るんですか？　それは危険ですよ」

日：「バイクに乗りながらではありません。ちゃんとバイクから降りて蹴るのです」

米：「それを聞いて安心しました。……でも、だったら『ライダーキック』は変ですね。私も日頃バイクに乗りますが、私が今あなたを蹴ってもライダーキックということになる」

日：「いや、そういうことではなく……。彼にはバッタのような優れた脚力があるからこそ、人並み外れた『ライダーキック』が放てるのです」

米：「ああ、あなたはやっぱりバッタの話をしたいんですね！」

日：「いったいどう言えばわかってもらえるんだっ！」

The Masked Rider

Wow! Do you really have such gigantic grasshoppers in Japan?

No, no, **you've got me all wrong**! Um...why don't we change the subject?

You're the one who **brought** grasshoppers **up**.

I'm not talking about insects, but **how utterly** fantastic the Masked Rider is.

Got it. Please, go ahead...

His **lethal weapon** is his "Rider Kick."

Kick?! He kicks while he's riding a motorcycle? That's dangerous, **you know**.

Not while he's riding the motorcycle! He **gets off** the motorcycle first.

That's a relief! ...but then isn't the name "Rider Kick" a little strange? **I mean**, I ride motorcycles all the time, but does that mean that if I were to go kicking you, it would be a "Rider Kick"?

No, that's not the point... He's got the outstanding leg-power of a grasshopper — that's why he can execute the **inhuman** "Rider Kick."

Ah-ha! so we're talking about grasshoppers, here, **after all**!

How **on earth** can I make you understand!

◆wow：この言葉を発するとき、アメリカ人はしばしば図のようなジェスチャーをする。両手は3本の指で「W」を作り、びっくりしている口で「O」を表す。

◆you've got me all wrong：直訳すれば「あなたは、私の言っていることをまったく違う意味で捉えている」。決まり文句。

◆bring 〜 up：熟語で「(何かの話題を)持ち出す」という意味。

◆how utterly：まったく。何かを強調したいときに使う。「how utterly stupid」(大バカ)とか。

◆lethal weapon：必殺武器。「weapon」は武器に限らず、「技」「決め手」「企み」などにも使える。

◆you know：文末に加えると、「〜ですよ」とか「〜だぞ」というニュアンスになる。

◆get off：「降りる」

◆I mean：すこぶる便利な言い方で、日本語の「だってさ」という感じ。

◆inhuman：人並み外れた

◆ah-ha：やっぱり、ほら。

◆after all：結局、しょせん。「結局バッタの話じゃんか」と言っている。

◆on earth：直訳すれば「地球では」だが、アキレているときに「一体全体」という感じで使う。

『巨人の星』の世界観を説明しよう

◆巨人の星
梶原一騎と川崎のぼるによって描かれた野球漫画。66年から『週刊少年マガジン』に連載され、68年にはTVアニメ化されて最高視聴率36%強を記録した(花形が大リーグボール1号を本塁打する回)。主人公・飛雄馬の人生が小学生時代から丹念に描かれるが、彼は推定19歳で腕を壊し、物語もそこで終わる。35歳くらいまで投げ続けていたら、この漫画はどんな大長編になっていただろう!?

◆球質が軽い
『巨人の星』では有名なフレーズだが、アメリカの野球界には「球質が軽い」という言い方も概念もない。よってアメリカ人がこれを聞いたら、本文のような反応になると思われる。

◆引退するまで魔球を
引退までに飛雄馬が編み出した魔球は3つ。続編『新巨人の星』でもひとつ創っている。もし35歳くらいまで活躍していたら、このヒトはどれほど多くの魔球を生み出したことだろう。

日:「星飛雄馬は、少年の頃から野球の猛練習を続け、あっぱれ憧れの巨人軍に入団します。ところが、小柄だった彼には、それゆえに球質が軽いという致命的な欠点がありました」

米:「球質が軽い? それって、力がないということ? それとも、スピード不足?」

日:「そうではなくて……、彼はタマが軽いんです!」

米:「タマが!? 彼は性欲がないんですか? まだ若いんでしょ!?」

日:「……もういいです。とにかく、彼は小柄で苦労したんです」

米:「気の毒に……。じゃあ、彼はたくさん食べて、体を大きくしたのですか?」

日:「まさか! 彼は、努力とド根性で魔球を編み出す道を選んだのです」

米:「はあ、妙な選択ですね。小柄で球が軽いなら、彼は体質改善をするべきでしょう」

日:「そう言われると、そんな気も……。い、いや、違う。引退するまで魔球を投げ続けたところにこそ、星飛雄馬の美学があるのです」

次の見開きに続く

Starr of the Giants

From his boyhood, Hyuma Hoshi <u>kept to</u> the most rigorous training schedule, and was at last drafted by his dream team, the Giants. Unfortunately, he was of slight build, and his pitches consequently lacked the necessary amount of <u>oomph.</u>

Oomph?　As in not enough power?　Or not enough speed?

No, no, no... His balls are too *light*!

His balls?!　He's impotent?
At such a young age?!

<u>Forget it</u>. At any rate, he had difficulties due to his small build.

That's too bad... So did he, like, eat <u>a bunch</u> and grow bigger?

<u>No way, Jose</u>! He chose to develop his Voodoo Pitch through sheer <u>willpower</u> and effort.

That's an odd choice. <u>If</u> his pitches were so weenie, <u>then</u> what he really should have done was <u>beef up</u> his body.

Yeah, I suppose <u>you've got a point</u>, there... No, no – you don't. Because the fact that he kept on throwing Voodoo Pitches until the day he retired– herein lies the aesthetic of Hyuma Hoshi.

◆keep to + 名詞：熟語で「〜をあきらめずに続ける」という意味。たとえば「keep to my English studies」(英語の勉強をあきらめずに続ける)。

◆oomph：もともとは「ウフン」という鼻にかかった女性の声を文字化したものだったのが、今や「活力」「精力」「生気」という意味に。ここでは「球の軽さ」を「lack of oomph」(活力に欠ける)という感じに訳してある。

◆forget it：もういい、もう気にするな。より強い調子で言うなら「Whatever!」(ほっといてくれ!)。

◆a bunch：たんと

◆no way, Jose：「まさか」の意。「ノー・ウェー・ホーゼー」と発音し、韻を踏んでいる決まり文句。

◆willpower：精神力、意志の力。「sheer」(まったく)が加わって「ド根性」。

◆if 〜, then〜：もし〜だったら〜だ

◆beef up：熟語で「肉をつける」。ビーフ・アップって、わかりやすい!

◆you've got a point：言われてみればそうかもしれない。ここで「point」は「要点」という意味。直訳すれば「あなたには有力な説があります」。

turn the page...

『巨人の星』の世界観を説明しよう

米:「美学？　彼は何年間も魔球を投げ続け、魔球の専門家にでもなったのですか？」

日:「ちょっと違います。彼の現役生活は3年ちょっとなのですが……」

米:「3年!?　たったの3年間!?」

◆魔球を投げすぎて
飛雄馬の腕を破壊したのは、大リーグボール3号。親指と人差し指だけでボールを押し出すという独特の投法を続けたために、左腕の筋肉がボロボロになり、ついには断裂してしまったのである。堀井憲一郎は『「巨人の星」に必要なことはすべて人生から学んだ。あ。逆だ』（双葉社）のなかで、この症状を医者に診断してもらっているが、その結果は「たぶん肉離れ」。ええっ、飛雄馬はそんなポピュラーな故障で引退してしまったのか……。

日:「そんなに早く引退したのは、魔球を投げすぎて、利き腕を壊したからでした」

米:「あの、聞き違いかもしれませんが……。ひょっとして、あなたはこう言いましたか？　彼は野球を続けるために魔球を開発したのに、その魔球を投げたことで腕を壊した」

日:「そのとおりです。彼の美学を理解してもらえましたか？」

米:「わはははっ。わかりませんよ！　彼はどうかしています！」

◆座右の銘
劇中の説明によれば、これはもともと坂本龍馬の言葉だという。

日:「なら、別の例を挙げましょう。星飛雄馬の座右の銘は『死ぬときは、たとえドブの中でも、前のめりに死にたい』というものでした。だからこそ、魔球に殉じたのです」

米:「おお、彼はやっぱり変人だ。死ぬときの体の向きを決めているなんて！」

次の見開きに続く

Starr of the Giants

Aesthetic? What, did he throw so many of these Voodoo Pitches that he got a <u>PhD</u> in it?

◆PhD：博士号。「philosophiae doctor」の略。博士号を持っている人の名前には「Doctor～」をつけるが、医者ではない。

Not really. Actually, he was only active as a player for <u>a little over</u> 3 years.

◆a little over + 数字：～ちょっと。「I'm a little over 60 kilos.」（私は60kgちょっとです）。

3 years?! 3 <u>measly</u> years?!

◆measly：「はしか」の形容詞形ですが、どういうわけか「たったの」「ちっぽけな」という意味を持つように。はしかって、そんなちっぽけな病気かあ。

He had to retire because he threw so many Voodoo Pitches that his arm <u>gave out</u>.

◆give out：熟語で「へたばる」「つぶれる」「ぶっ壊れる」という意味。

Um, perhaps I just misunderstood you... Did you just say that he developed this Voodoo Pitch in order to *continue* playing baseball, and then ruined his arm throwing it...?

Exactly. Now do you see the inherent beauty?

Wahahahaha! <u>Heck no!</u> The guy must be <u>bats</u>!

◆heck：強調の言葉で、「hell」（地獄）を遠回しに言うもの。「くそ！」「ちぇっ」といった意味の間接詞としても使う。

All right, let me give you another example. Hyuma Hoshi's motto in life is, "It doesn't matter if you die knee-deep in mud, but when you die, die leaning forward." You see, that's why he martyred himself for his Voodoo Pitch.

◆bat：野球のバットではなく、ここでは「コウモリ」のこと。コウモリがあまりにも意味不明な飛び方をすることから、形容詞として「狂った」という意味を持つ。

Ah-ha! Then the guy is <u>off his rocker</u>, after all! Making rules about which way to <u>face</u> when you die and all!

◆off his rocker：ロッキングチェアを外している。いわば、ボケている。「クレージーな」という意味の俗語。

◆face：これは動詞で「向く」。

turn the page...

『巨人の星』の世界観を説明しよう

日:「ち、違います。どういう体勢で死にたいかを述べているのではなく……」

米:「ちなみに、私はベッドで仰向きになって安らかに死にたいですね。あなたは？」

日:「比喩なんですってば！　いつでもどこでも前進していたいという気持ちの象徴です」

米:「ああ、それならわかる。前進しようと考えるのは、人生にとって非常にいいことです」

日:「わかってもらえたようですね。アメリカの方には理解されないかと不安でしたが……」

米:「とんでもない。アメリカには、野球よりも彼に向いているスポーツがありますよ」

日:「えっ、それはいったい……？」

◆アメリカンフットボール
『巨人の星』の作画を担当した川崎のぼるは、同じ週刊『少年マガジン』誌上で、77年に『フットボール鷹』を連載した。日本一の前のめり漫画家といえよう！

米:「アメリカンフットボールです。前進また前進。倒れるときも前のめりに倒れて、1ヤードでも前に進むことを目指せばいいんですから」

日:「う〜ん。本当にわかってもらえているのでしょうか……？」

Starr of the Giants

Nononono! He's <u>not</u> talking about what position to die in, <u>so much as</u>——

◆not~so much as~：〜というより〜です。「not skill so much as effort」は「才能というより努力の賜物です」。

——which, by the way, personally I'd like to die face up in bed, nice and peaceful. How about you?

It's a metaphor, man! It's a symbol of his <u>determination</u> to always make progress, under any circumstances.

◆determination：決心

Ah, <u>I got you</u>. Desire for progress is extremely important in life.

◆I got you：「あなたをゲットしました」すなわち「わかったよ」ということ。

So you understand! I was worried that Americans wouldn't be able to <u>relate</u>.

◆relate：直訳すれば「関連させる」だが、ここでは「同情すること」「他人の気持ちを理解すること」を言う。

Of course we do! <u>In fact</u>, we have a sport that's even better suited for Mr. Hoshi than baseball.

◆in fact：しかも、おまけに、そればかりか

Really? What's that...?

American football. It's all about progress, <u>see</u>. When you fall over, all you got to do is try to fall *forward*, somehow, and you'll always gain a yard or two.

◆see：「see」は文章の最初にも最後にもつけられます。「you see...」の略で、「いいですか」とか「ほら」のような意味合い。

<u>Sheesh</u>. Do you really understand what I'm talking about at all?

◆sheesh：呆れた様子を表す。「マジかよ」みたいな感じの言葉。意味的にも、音的にも、ため息に似ている。「shit」が変形してできたスラング。

『帰ってきたウルトラマン』の世界観を説明しよう

◆帰ってきたウルトラマン
円谷プロの特撮TV番組は、66年『ウルトラQ』『ウルトラマン』、68年『ウルトラセブン』と、ほぼ連続して3作品が放送されたが、『セブン』中盤で怪獣ブームがピークを過ぎ、いったんそこで打ち切られた。だが、若年層を中心にヒーローを求める声は根強く、それに応えようと71年に作られたのが、この番組。

日:「『ウルトラマン』以降、ウルトラの星の人々は地球を守ってくれるようになりました。そのなかで、地球に赴任した3人目のウルトラ戦士の活躍を描いた物語が『帰ってきたウルトラマン』です」

米:「ん? そのタイトルはおかしいですね。ウルトラマンが再び地球にやってきたのであれば、『また来たウルトラマン』と呼ぶべきでしょう」

日:「そうですか? 私は行きつけの呑み屋に行くたびに『お帰りなさい』と言われますが」

米:「あなたが相当の常連さんであることは、よ〜くわかりました。まあ、ホームステイしていた外国人の学生がのちに遊びに来た場合など、『お帰り』と言ったりもしますしね」

◆このタイトル
『ゴジラ』の生みの親・円谷英二が命名したという。本文では茶化しているが、実はけっこういいタイトルだと思っている。

日:「賛同してくれてありがとう。でも、あなたの言うとおり、このタイトルは変です」

米:「そう厳密に考えなくても。かつて活躍したウルトラマンが戻ってきたという話でしょう?」

日:「ところが、戻ってきたはずのウルトラマンは、以前とは別人でした!」

◆以前とは別人
顔も身長も体重も必殺技の多くも、初代ウルトラマンと同じ。要するに、外見的には体の模様が微妙に異なるだけなのだ。地球ではもちろん、ウルトラの星でもゴッチャにされているのではなかろうか、あの2人?

米:「は……? 人格が変わったのですか?」

日:「いえ、まったくの赤の他人。顔はそっくりだし、兄弟と称していましたが、2人に血のつながりはないのです。要するに、最初のウルトラマンは帰ってこなかった!」

次の見開きに続く

Ultraman Comes Back

Ever since the movie *Ultraman*, the people of Planet Ultra have been defending Earth. *Ultraman Comes Back* relates the adventures of the third Ultra Warrior assigned to Earth.

Huh? That a weird title. If Ultraman goes to Earth again, the movie should be called *Ultraman GOES Back.*

Is that so? Whenever I visit my favorite bar, the bartender says, "Welcome back!"

You made it clear that you're quite the regular patron. I guess that when an exchange student visits their old host family, they are often greeted with a "Welcome back!"

Well thank you for your approval. But you're right – it is a weird title.

You needn't be so strict. It's about the return of Ultraman, who had been on Earth before.

Only this time Ultraman comes back as a different person!

Huh? Did he have a change of attitude?

No, he's just a different person. His face is identical to Ultraman's, and he calls himself Ultraman's brother, but they are not actually related by blood. In other words, Ultraman didn't really come back!

◆have been defending：これは現在完了進行形。動作の継続を表すときに使われ「ずっと〜をやっている」という意味。「I have been studying English for 25 years」（私は25年間も英語を勉強している）には、25年間も勉強してきて、これからも勉強するというニュアンスがある。ウルトラの星の人々は地球を守ってきたし、これからも守るだろうから、普通の現在完了形ではなく、これを使っている。

◆weird：おかしな。「strange」より少々強い感じ。

◆I guess that：強く主張するのではなく、逆に自信がないときに用いられる。「まあ〜かもしれないね」の意。「I guess that I like you」なら「まあ、君が好きかもね」といった優柔不断な感じ。

◆old：ホストファミリーが老けているのではなく、「前のホストファミリー」という意味。「my old girlfriend」は、僕の彼女がババアなのではなく「僕の前のカノジョ」。

◆had been：過去完了形。過去に限定されたことを言う。かつてやっていたけど、今はやっていない。「I had studied English for 25 years.」（私は英語を25年間勉強した〈けどその後やめた〉）。ウルトラマンは、かつて地球にいたけど、故郷に帰ったわけだから、この形を使っている。

◆only：ただし

turn the page...

『帰ってきたウルトラマン』の世界観を説明しよう

◆あっ、アメリカ人だ
通りすがりのアメリカ人にこう言うのは極めて失礼だが、西洋人というだけで「あっ、アメリカ人だ」と叫ぶのはもっとマズイ。

◆ウルトラマンジャック
『帰ってきたウルトラマン』の劇中では、一度もこの名は登場しない。それもそのはずで、放送終了後10年以上を経た83年、劇場映画『ウルトラマンZOFFY』のなかで初めて使われたのだ。劇中、ゾフィー兄さんが彼の名を呼ぶのに、「帰ってきたウルトラマン！」と言うのではあまりに妙だから命名されたという。

米：「おお、それなのにタイトルが『帰ってきたウルトラマン』。それは確かに、後から来た人がカワイソウです。私も、日本で道を歩いていて『あっ、アメリカ人だ』などと言われたら、不愉快になります。ぜひとも、正しい名前で呼んであげていただきたい」

日：「そうですね。彼には『ウルトラマンジャック』というカッコいい名がありますし」

米：「なんですって!?　ウルトラマン……ジャック？」

日：「何か不都合でも？」

米：「いや、彼の両親がつけたのでしょうから、文句はありません。ただ、アメリカでは一般に『ジョン』の愛称が『ジャック』なのです」

日：「え……？　じゃあ、彼の本名は、ウルトラマンジョン!?　な、なんか語感が変だ」

米：「ほかには、たとえば『男』とか『野郎』といった意味もあります。でも、そうすると正しいタイトルは『ウルトラマン男』……」

日：「う〜ん。ジャック氏には申し訳ないけれど、『帰ってきたウルトラマン』というタイトルで我慢してもらったほうがよさそうですね」

Ultraman Comes Back

<u>Man</u>—and they still called it *Ultraman Comes Back*. You have to <u>feel sorry for</u> the second Ultraman. Like if I was walking down the street in Japan and someone said, "Hey, American," I would feel kind of bad. People ought to call you by your real name.

For sure. Actually, he has a <u>pretty</u> cool name: "Ultraman Jack."

What!? Ultraman... *Jack*?

Is something wrong?

No—I mean, if that's the name his parents gave him then fine. <u>It's just</u>, in America the name "Jack" is a nickname for "John."

Huh? So, his real name is "Ultraman John"?! That doesn't quite have the same <u>ring</u> to it.

"Jack" also means "guy" or "<u>dude</u>." But that would mean that Ultraman's name is, like, <u>Ultraman-Dude</u>.

Aw man. <u>No offense to</u> Jack, but maybe we should just <u>stick with</u> the title *Ultraman Comes Back*...

◆man：「おお」の意。マズイことが起きたときなどに言う。もともと友人のことを「man」と呼び、困っているときに「man!」(友よ！)と呼びかけることから。

◆feel sorry for～：「～をかわいそうに思う」の意。ちなみに、知り合いのお母さんが亡くなったと聞いたら、「I'm sorry.」と言う。これは「ごめんなさい。私がヤッたのだ」と自首しているのではなく「お気の毒に」という意味。

◆pretty：「美しい」ではなく「なかなか」の意味。

◆it's just：ただし

◆ring：響き。「電話が鳴る」は「The phone rings」。

◆dude：野郎

◆Ultraman-Dude：英語でも、このネーミングはショボすぎる！

◆no offense to～：「～には申し訳ないが」の意味。

◆stick with～：「粘り強く何かを守り続ける」という意味。今やっていることをあきらめずに最後までやり抜くこと。「イヤだけど『ウルトラマンジャック』でいこうぜ」と言っている。「Stick with English!」とは「英語の勉強をあきらめないで、話せるようになるまでがんばれ！」。

『銀河鉄道999』の世界観を説明しよう

◆銀河鉄道999
松本零士が77年に連載開始した漫画。翌年にTVアニメ化、翌々年に劇場アニメ化され、いずれも大ヒットした。空間シールドバリアで守られた鉄道網が宇宙全体に張り巡らされており、その中を走る999号は窓も開けられる、という設定だった。

◆星野哲郎
作詞家。特に演歌作りの第一人者。1925年生まれで、作った歌は約2千曲にも及ぶという。北島三郎『函館の女』、鳥羽一郎『兄弟船』など、ヒット曲は数知れず。

◆男はつらいよ
監督・山田洋次、主演・渥美清による映画シリーズ。第1作は69年、最終第48作は95年に公開された。テキヤの寅さんが旅先で素敵な女性と出会い、故郷・柴又に戻っていると、その素敵な女性が訪ねてきて……というのが、お決まりのパターン。その世界観は、日本人も感嘆するほど日本色に溢れている。

◆水前寺清子
チータの愛称で親しまれる演歌歌手。『NHK紅白歌合戦』出場は36回。「いっぽんどっこの歌」などヒット曲も多数。

◆銀河鉄道の夜
眠っていたはずのジョバンニは、いつの間にか銀河鉄道に乗っていた。彼は親友のカンパネルラと共に、白鳥座やさそり座を通って、南十字星までの旅を続けるけれど、終着駅を目前にして、親友が列車を降りて……。宮沢賢治の最高傑作とも謳われ、海外にも広くその名を知られるファンタジー。

日:「空想科学の世界で最も壮大な旅をしたのは、星野鉄郎という人物です」

米:「おお、星野哲郎ならよく知っています。『男はつらいよ』の主題歌を作詞した、日本音楽界の重鎮。ほかにも、水前寺清子の『三百六十五歩のマーチ』とか……」

日:「あ、あなたが日本の音楽に詳しいのは嬉しいですが、まったくの別人です。哲学のテツではなく、鉄道のテツと書きます」

米:「お〜、残念。でも、フーテンの寅さんも壮大な旅をしていましたよね?」

日:「よくご存知ですね。彼も日本中を旅してすごいのですが、星野鉄郎少年は、なんと列車で宇宙を旅するのです。題名は『銀河鉄道……』」

米:「ああ、それなら抜群によく知ってます。宮沢賢治の『銀河鉄道の夜』!」

日:「う〜ん、また惜しい。『銀河鉄道999（スリーナイン）』という作品です」

米:「へえ！ 日本には、列車で銀河を旅する人々がたくさんいるんですね」

次の見開きに続く

Milky Way Railroad #999

The most spectacular journey, in the <u>realm</u> of science fiction, was <u>made</u> by a character named Tetsuro Hoshino.

◆realm：〜界。「the world of science fiction」でもOK。

◆make：ここでは「果たす」とか「実行する」という意味で、「旅は、鉄郎によって成し遂げられた」ということ。

Oh, I know all about Tetsuro Hoshino! He wrote the themesong for <u>*Guys Got It Tough*</u> – a patriarch of the Japanese music world. He also did Kiyoko Suizenji's *365-Step March*...

◆Guys Got It Tough：『男はつらいよ』の英訳。「tough」は「丈夫」ではなく、「きびしい」や「つらい」の意。「got」は「have」の俗語なので、タイトルを直訳すれば、「男はつらいことを経験する」。

Well, I'm delighted that you are so keen on Japanese music, but I'm talking about an entirely different person. Not the *tetsu* from "philosophy"'s *tetsugaku*, but the *tetsu* of "railroad"'s *tetsudou*.

◆oh man：がっかりしている様子を表す。

◆〜, right?：「〜ですよね？」と相手に確認を求める表現。

<u>Oh man</u>... that's too bad. But that drifter Mister Tora is also on a spectacular journey, as well, <u>right?</u>

◆travels：この「travels」は旅行全体を指すのではなく、「the travels of a young girl」など限定された旅に使う。概念的・抽象的な意味での「旅行」は、原形の「travel」、もしくは動名詞の「travelling」。

You're quite the expert. His <u>travels</u> across Japan are indeed impressive, but Tetsuro Hoshino travels across none other than outer space – in a train. The title is <u>*Milky Way Railroad*</u>...

◆Milky Way：銀河

◆all about〜：〜についてのすべて。たとえば、ベティ・デイヴィスの名画『イヴの総て』の原題は『All About Eve』。

Oh – I know <u>all about</u> that. Kenji Miyazawa's *Night on the Milky Way Railroad*!

◆naw：「no」の優しいバージョン。優しいが、いささか田舎っぽい。「ナー」と発音し、「いや」とか「う〜ん」という感じ。

<u>Naw</u>... Once again, <u>close but no cigar</u>. The story is called *Milky Way Railroad Number Three-Nine*.

◆close but no cigar：「惜しい」の意。

<u>Jeez</u>! I guess that lots of Japanese people travel the Milky Way in trains.

◆jeez：「wow」と同じく、驚きを表す言葉。

turn the page...

『銀河鉄道999』の世界観を説明しよう

◆225万光年
「km」で言うと、2130京km。これは、JRグループが所有する全軌道の1千兆倍である。

◆鉄道旅行
世界最長の鉄道路線を有するのは、実はアメリカなのだ。21万2千kmで世界第1位。車や飛行機の印象が強いばっかりに、この事実にはビックリする。ちなみに、日本は2万3千kmで世界6位。

◆物語の舞台は23世紀
鉄郎とメーテルが999号に乗り込むのは、西暦2221年という設定になっている。その時代、地球は貧富の差が大きく、人々はあまり幸せそうに見えない。

日：「いや、特にそういうわけでは……。あの、ちょっと聞いてください。鉄郎は銀河鉄道に乗って、地球からアンドロメダ星雲まで行くのです。その距離、実に225万光年！」

米：「そんな遠くまで行くのに、鉄道旅行⁉ 飛行機で行くか、車をブッ飛ばしたほうがよくはありませんか？ お金がなければ、ヒッチハイクという手もある」

日：「アメリカ大陸横断の旅ではありませんよ」

米：「ところで、ひとつ質問があるのですが。鉄郎はなぜそんなに遠いところまでいきなり行くんです？ 旅は楽しいものですが、225万光年なんて、彼は明らかに旅のしすぎです」

日：「おっ、ようやく本題に入れそうですね。説明しましょう。物語の舞台は23世紀。地球では科学技術が進歩し、裕福な人間たちは自らの体を機械に変えて、永遠の命を手に入れていました。彼らは貧しい人間たちを虐待しており、鉄郎の母親も彼らによって殺され、剥製にされてしまいます」

米：「それはひどい！」

日：「機械化人間に復讐を誓う鉄郎は、銀河鉄道に乗ってアンドロメダ星雲に向かうのです」

米：「それは……なぜでしょう？ 復讐の相手は地球にいるのに、なぜ遠くへ行く？」

次の見開きに続く

Milky Way Railroad #999

No, <u>not really</u>. Just listen for a moment. Tetsuro <u>hops on</u> the Milky Way Railroad, travelling from Earth to the Andromeda Galaxy. Actually, that's a distance of 2,250,000 light years!

He goes on such a long trip by *train*?! <u>Wouldn't it be better to</u> go by plane, or <u>burn rubber</u> by car? If you were broke, you could always hitchhike...

<u>We're not talking about</u> a trans-American journey here.

By the way, I've got a question for you. Why does Tetsuro go so away <u>in the first place</u>? I mean, travelling is fun, but 2,250,000 light years is overdoing it.

Oh—we're finally getting to <u>the meat of</u> the story. Let me explain. The story takes place in the 23rd century. Science and technology on Earth have advanced, and people of affluence have <u>obtained</u> eternal life by changing their bodies into machines. They brutalize the poor, killing Tetsuro's mother and making her into a taxidermic wall-hanging.

That's terrible!

So Tetsuro swears vengeance against all mechanized people, and <u>boards</u> the Milky Way Railroad <u>bound for</u> the Andromeda Galaxy.

But... why? If the target of his vengeance is there on Earth, why does he have to go so far away?

◆**not really**：「really」は「実は」の意。「実はそうでもない」と、優しく否定する言葉。

◆**hop on**：「get on」のかわいいバージョン。「hop」は小さな「jump」のことなので「ひょいと跳び乗る」という感じ。ただし、列車には「hop on」だが、車の場合は「hop in」。

◆**wouldn't it be better to～?**：～したほうがいいのではないか

◆**burn rubber**：直訳すると「ゴムを燃やす」。すなわち、タイヤが焼けるような全速でトバす。

◆**we're not talking about**：～のような話じゃない

◆**in the first place**：最初から

◆**the meat of**：～の中心。やはり西洋文化の中心は、肉だった!?

◆**obtain**：～を手に入れる。「get」とほぼ同じだが、もう少し苦労して手に入れる感じ。

◆**board**：乗車する、下宿する

◆**bound for～**：～行きの、～に向かって。新幹線のアナウンス「This is Nozomi super express bound for Hakata.」でもお馴染み。

turn the page...

『銀河鉄道999』の世界観を説明しよう

日:「999号に乗れば、いつか『機械の体をただでくれる星』に着くからです。鉄郎は機械の体になって地球へ戻り、機械化人間たちを滅ぼそうと考えたのでした」

米:「なるほど。それで銀河鉄道39号に乗って、『奇怪な体をただでくれる星』に……」

日:「ちょ、ちょっと待った。全然違います！ 奇怪な体ではなく、機械の体！ 39ではなく、999！」

米:「ああ、だったら『スリーナインズ』と言っていただきたい。しかし、この際そんなコトはよろしい。私は『機械の体をただでくれる星』というのが気になります。まことにいけません。鉄郎は『ただより高いものはない』という言葉を知らないのでしょうか？」

日:「おや、アメリカにもそんな言い方があるのですか？」

◆アラスカ州を買収
1867年に買収。現在からすると驚くほど安いが、当時のアメリカにとっては国家予算の2割とも3割ともいわれる高額の買い物で、反対の声も多かったという。だが、買収後に巨大な金鉱や油田が発見され、結局は記録的な安い買い物となった。アラスカ州はアメリカ最大の州だが、人口は今でも最少。

米:「当然です。対価を支払うのは、貨幣経済の基本。アメリカはロシアからアラスカ州を買収したときだって、720万ドルを払っているのですよ」

日:「アラスカ州は153万km²だから……、（計算して）げげっ。1km²あたり、たったの5セント！」

米:「払えばいいのです、払えば」

次の見開きに続く

Milky Way Railroad #999

Because the train number three-nine eventually goes to "The Planet Where They'll Give You A Mechanical Body For Free." Tetsuro thinks he can get a mechanical body, then return to Earth and <u>wipe out</u> all the mechanized people.

◆**wipe out**：滅ぼす。P 92参照。

I see. So he gets on the Milky Way Express #39, <u>headed for</u> "The Planet Where They'll Give You A <u>Maniacal Body</u> For Free."

◆**head for～**：～へ進める、～に向ける。「bound for～」とほぼ同じ意味。電車に運んでもらっているので、受身形になっている。

◆**maniacal body**：「maniacal」は「狂気の」「マニアの」という意味。発音は「mechanical」と非常に似ており、本当に失言しそう。

Hold on there! You've got it all wrong! Not *Maniacal Body* but *Mechanical Body*! Not *thirty-nine* but *three-nine* – <u>nine, nine, nine</u>!

◆**999**：「999」は「9」が3つあるので「スリーナインズ」と言うべきで、「スリーナイン」では「39」のことになってしまう。

Ahh... then you ought to say *"three nines."* But <u>let's not</u> bother with such trifles. I'm still wondering about this "The Planet Where They'll Give You A Mechanical Body For Free." <u>It's just not right</u>. Doesn't Tetsuro know the <u>saying</u>, "<u>There's no such thing as</u> a free lunch."

◆**let's not～**：「～をやめましょう」と優しく訴える言葉。「bother」(かまう)、「trifle」(くだらないわだかまり)と合わせて「そのようなくだらないことを意に介しないことにしましょう」。

◆**it's just not right**：「それはどうもおかしいな」の意。「just」は形容詞を強調している。

◆**saying**：言うこと、ことわざ

Wow, you have the <u>same sort of</u> saying in America?

◆**there's no such thing as～**：「～なんてあり得ない」「～なんか存在しないよ」。怖がっている子供に、「there's no such thing as ghosts!」「お化けなんかこの世にいないよ」と慰めたりする。

Naturally. Financial compensation is a tenet of paper economics. When America purchased Alaska from Russia, we payed 7,200,000 dollars.

Alaska has 1,530,000 square kilometers... (calculating)... <u>Holy Cow</u>. That means a mere 5 cents per square kilometer!

◆**same sort of**：同じような。ほかに「same kind of」「same type of」という言い方も。

◆**holy cow**：「jeez」同様、驚きの表現。

As long as they paid – it's the thought that counts.

turn the page...

『銀河鉄道999』の世界観を説明しよう

◆機械の体はネジ
終着駅で、機械化惑星を支えるネジになれと命じられる鉄郎。彼は、自分に旅の機会を与えてくれたメーテルのために、その過酷な運命を受け入れようと決意する……。結末を知りたかったら、ぜひ漫画を読んでください。

日:「しかし、あなたの言うとおり、話はそう甘いものではありませんでした。銀河鉄道の終着駅で鉄郎に与えられようとした機械の体――、それはネジだったのです」

米:「ははあ。ネジだけあって、ヒネリのきいた旅の終わりだったというわけですね」

質問コーナー

▶本文に出てきた「jeez」や「holy cow」という驚きの表現は、学校で習った覚えがありません。詳しく教えてください。

Mattの答え

▶P147に出てきた「jeez」は、かわいい言葉です。多くのアメリカ人がびっくりしたときに「Jesus!」(ジーザス!)と、キリストの名を口にすることはご存知ですよね。でも、キリスト教の十戒のひとつに「あなたは、あなたの神、主の御名を、みだりに唱えてはならない」というのがありますので、本当は「Jesus!」と言い捨ててはいけないのです。

▶それでも、驚いたときにはつい「Jesus!」と口にしてしまいそうになります。そこから「jeez」という言葉が生まれました。「Jes...」と発した時点で「あ、いけない!」と気づいて、続く「...us」を言う前に口を閉じてしまおうとするわけです。すると「jeez」になりますよね。このかわいい言葉なら、ローマ教皇でも使えるかもしれません。

▶P151の「holy cow」も似たような言葉です。「Holy Christ!」「Holy God!」「Holy Mary!」などは、いずれも驚いたときに神様や聖人の名を呼ぶ習慣からきています。上述のとおり、本来はみだりに神様の名前を口に出してはいけないので、「holy」の次の言葉を適当に変えるのですが、それにしてもなぜ「牛」なのでしょうか?

▶西洋人は肉が大好きです。ところが、インドのヒンドゥー教では、牛を食べることを禁じています。西洋人にとっては、これが不思議でたまらず、「神」の代わりに「牛」と言うようになった、といわれています。インドの人々にとってこの「holy cow」はいささか嫌味な言葉かもしれません。しかし、現在の欧米では「言ってはいけない言葉」をまだ知らない子供が使うような、かわいい表現として浸透しています。

▶余談ですが、アメリカの家庭では、幼い子供が「いけない言葉」を口にすると、親は大変厳しく叱ります。たとえば「hell」(地獄)も「言ってはいけない言葉」のひとつなのですが、子供の頃、僕がつい口にすると、母親は「石鹸を30秒間くわえていなさい!」と怒ったものです。この罰を受け続けたため、僕はすっかり石鹸のブランドに詳しくなりました。ちなみに、「hell」のかわいいバージョンは「heck」(P139参照)で、これなら子供が口にしても叱られないのです。

Milky Way Railroad #999

Yes, but you're right—in the story, as well, <u>life isn't so easy</u>. When Tetsuro gets to the last stop on the Milky Way, the mechanized body that he gets is—well, it's a screw.

Haha. All he gets is a screw—so there is a twist to the end of his journey.

◆life isn't so easy：人生はそう甘くない。「甘い」は「easy」と訳した。不思議なことに、英語には「甘える」という言葉や概念がない。「甘やかす」の「spoil」という単語しかなく、子供が「甘えている」ときは「この子、甘やかされたね」と言う。つまり、子供は自然に甘えるものではなく、親の育て方が悪かったと考えるのだ。

いま———
万感の想いを込めて汽笛が鳴る。
いま万感の想いを込めて汽車が行く。
一つの旅が終わり、また新しい旅立ちが始まる。
さらば、メーテル、
さらば銀河鉄道999、

さらば、少年の日よ

Now---
the steam whistle cries out the sundry sentiments of the heart.
Now the train moves onward with mixed emotions.
One journey has ended, and another journey begins.
Goodbye, Maetel.
Goodbye, Milky Way Railroad #999.

Goodbye, days of my youth.

語学の世界は、空想の世界

　僕が日本語を覚えたきっかけは、「空想」だった。
　といっても、『ゴジラ』や『パワーレンジャー』を見て日本に興味を持ったということではない。残念ながら、柳田理科雄さんの『空想科学読本』に感化されたわけでもない。
　アメリカでは、高校の外国語の授業で、多くの生徒がスペイン語を選択する。スペイン語が話せれば就職にも役立つし、気楽にメキシコや南米へ遊びに行って、タコスを正しい発音で注文できる。アメリカ人にとって、スペイン語は大変実用的な言語なのだ。
　それがイヤだった。どういうわけか僕は、小さい頃から実用的な学問が嫌いで、社会科が大の苦手。だから、どうせ外国語を学ぶなら、遥か遠い空想の国みたいなところの言葉がいいと思っていた。その候補はロシア語か日本語だったのだけれど、授業を見学してみると、ロシア語の先生が爺さんなのに対して、日本語の先生は若く美しい女性だった。美女が教える空想の国の言葉！　僕はこのイメージに頭がクラクラ痺れて、日本語の授業を受けることにした。
　だが、高校の4年間では、日本語を身につけることができなかった。僕の高校では外国語の効果的な習得のために「身体的教育」というのを実施していた。これは「体を使って言葉を身につけよう」という試みで、日本語で演劇をしたり、日本語で鬼ごっこをしたり、日本語でラジオ体操をしたり、挙句の果ては日本語でカレーライスを作ったりするのである。こういった不可思議なレッスンを4年間受け続けた結果、僕が確信したのは「自分はこの方法では言葉を覚えられない」ということだけだった！
　目からウロコが落ちたのは、皮肉にも高校を卒業した直後の夏休みのこと。古本屋で『現代ニッポン短編小説集』(アルフレッド・バーンバウム訳)を入手して、高橋源一郎さんの小説「虹の彼方に」の英訳を読んだのだ。1章しか訳されていなかったが、その15ページはまさに言語の「空想世界」だった。目も眩むような言葉遊びの世界に、僕は思わず「これだあ！」と叫んでいた。
　その時点では、小説どころか会話もほとんどできなかったのだけれど、僕は決心した。高橋さんの小説を日本語の原文で読んでやろう！　こうして、昼間はペンキ屋のバイト、夜は延々と辞書を引きまくりながら、夏休みの3カ月を丸ごと費やして、彼のデビュー作『さようなら、ギャングたち』をついに読破したのだった。
　最後の1ページを読み終えた日に、僕は大学に入学した。不思議なことに、わ

ずか3カ月間の読書によって、僕は日本語を話せるようになっていた。大学で英米文学を勉強するつもりだった僕は、同時に日本語学部にも入ることにした。日本語の言語力確認テストを受けたところ、入れられたクラスはなんと最上級！これには、自分でも本当に驚いた。

　振り返ってみれば、こういうことだ。人間はそれぞれ顔や指紋が違うのと同じで、言語習得の方法もそれぞれに違う。僕の場合、体を使って覚えることはまったく苦手だったけれど、高橋さんの非常に抽象的な小説――いや、「非常に抽象的」とは控えめに言いすぎで、言語であやとりをするようなワケのわからぬ御伽噺と言ったほうが正確だ――を読むことによって、それまで漠として捉えどころのなかった日本語が一気に自分のものになり始めた。「日本語でピザを注文しよう」といった実用的なレッスンよりも、人間が突如として冷蔵庫に変身したりする空想の世界に触れるほうが、僕にとっては遥かに有意義だったのである。外国語をマスターするのに、王道などあり得ない。重大な経験は、本の中でも充分に起こるのだ。

　来日してからは、さすがに日本語は現実的かつ実用的なものになってきたけれど、そんな折りに空想科学研究所から本書の企画をいただいた。日本の漫画やアニメに詳しかったわけではなかったので、いろいろ見たり読んだりして、僕は本当にびっくりした。そこには、想像力に溢れた空想の世界がいくらでも広がっていたからである。やはり日本は空想の国だ！　僕はそれらに深く魅せられながら、本書『空想英語読本』の仕事にのめり込んだのだった――。

　そして、この本が刊行されるのとほぼ同時に、僕はアメリカの大学院に行くことになった。日本の書店で本書が飛ぶように売れるさまを見られないのは残念だが、その様子は担当編集者の瀧来さんと安田さんが教えてくれるであろう。

　僕は大学院の日本文学部に所属して、昭和初期の作家、特に坂口安吾や織田作之助といった「無頼派」の作家について勉強するつもりだ。そして、いつかは日本語で小説を書きたい。そのためにも、僕はもっと日本語を知らなければならないし、日本語を知るためにも空想の世界を旅し続けようと思っている。

　本書が、英語を勉強しようとしている皆さんの役に立ったら、こんなに嬉しいことはない。どうか「英語の勉強といっても、架空の世界の話ばかりでは……」などと言わないでいただきたい。僕がそうであったように、「空想」を通してこそ、生きた英語に出会うことだってあり得るのだから。

　　　　　　　　　　　　　　　　　03年7月1日　マッシュー・ファーゴ

INDEX

あ

アース様	76
アイアンロックス	71
明けの明星	118
あした天気になあれ	44
あしたのジョー	19, 29, 43
明日のために、今日も寝る	37
明日はどっちだ？	29
あしゅら男爵	91
アナライザー	61
アルプスの少女ハイジ	125
アンソニー	80
アンドロメダ星雲	148
アンヌ	118
アンパン	88
アンパンマン	88
イージー・ライダー	103
1兆度の火の玉	15
いなかっぺ大将	42
命が100日ずつ縮む	79
イライザ	80
威力	124
インデペンデンス・デイ	104
インファント島	59
ウー	69
うしろの百太郎	47
宇宙猿人ゴリとラー	93
宇宙怪獣	8, 92
宇宙刑事アニー	86
宇宙科学警備隊	97
宇宙人	68, 85, 118
宇宙世紀0079	74
宇宙戦艦ヤマト	21, 22, 61
宇宙パトロール隊	97
宇宙要塞	127
宇宙龍ナース	69
裏切る	86
うる星やつら	46
ウルトラアイ	123
ウルトラ一族	68
ウルトラ警備隊	99
ウルトラQ	13, 21
ウルトラセブン	20, 69, 70, 71, 118
ウルトラの星	142
ウルトラマン	9, 14,15, 58, 69, 70, 71, 78, 84, 120, 142
ウルトラマン男	144
ウルトラマンジャック	144
Aサイクル光線車	63
エイトマン	95
X線	62
X星人	62
江戸むらさき特急	52
エネルギー充填120%	23
M78星雲	118
えりまき怪獣	9
おいしい関係	50
黄金バット	89
オカマ	91
オキシジェン・デストロイヤー	58
オスカル	32
オズマ	128
おっぱいミサイル	29
男一匹ガキ大将	42
男組	41
男どアホウ甲子園	43
音の速さ	122
お前はもう死んでいる	35
俺の後ろに立つな！	34
俺の空	41
俺の旗のもとで、俺は自由に生きる！	35
おれのゆめは巨人の星のみ！	128
音速	122

か

怪獣	8, 83
怪獣攻撃隊	96
怪獣大戦争	62
怪獣墓場	15
怪人	126
改造人間	132
帰ってきたウルトラマン	142
科学特捜隊	98
科学忍者隊ガッチャマン	14
科学忍法火の鳥	14
がきデカ	45
風と光よ、忍法獅子変化！	92
加速装置	22
GUTS	99
ガッツ	68
ガッツ星人	68
カバ	76
仮面ライダー	10, 121, 132
仮面ライダースーパー1	67
仮面ライダーストロンガー	67
空手バカ一代	40
消える魔球	16
機械化人間	148

機械の体をただでくれる星	150
危険をかえりみず	100
キック力増強シューズ	26
機動戦士ガンダム	63, 74
キャプテンハーロック	100
ギャラクティカ・マグナム	66
キャンディス・ホワイト	80
球質が軽い	136
キューティーハニー	22, 94
教会	88
恐怖新聞	79
恐竜	90
巨人の星	16, 17, 28, 44, 128
巨大化	120, 123
巨大化する敵	126
巨大要塞	27
巨大ロボット	90
銀河鉄道999	100, 146
銀河鉄道の夜	146
キングギドラ	92
金星	92
空想科学の世界	83
空中元素固定装置	22
空腹	88
駆逐艦	58
クララが歩いたの！	37
原子炉冷却剤	95
建造	90
恋人	128
攻撃	77, 86
光子力研究所	20
コータローまかりとおる！	48
ゴジラ	8, 58
古代怪獣	8
子連れ狼	48
コンニャク	94

さ

ザ・デイ・アフター	108
サイド3	74
細胞活動停止光線	13
サイボーグ009	22
サウンド・オブ・ミュージック	109
サスケ	25, 56
サタデー・ナイト・フィーバー	113
ＺＡＴ	97
侍ジャイアンツ	18
座右の銘	138
サルでも描けるまんが教室	54

3乗	120
酸素破壊剤	58
サンダ対ガイラ	24
サンダー二段変身！	11
サンダーマスク	11
斬鉄剣	94
ジェットスクランダー	65
ジオン公国	74
仕事率	124
獅子丸	92
指数関数	126
質量保存の法則	123
邪魔	87
自由	32
終着駅	152
柔道一直線	18, 19
14万8千光年の彼方	24
自由落下	121
重力	121
宿命のライバル	17
聖徳太子	90
少年剣士・赤銅鈴之助	25
ジョーズ	103
ショッカー	132
新巨人の星	28
真空斬り	25
人工太陽	68
新世紀エヴァンゲリオン	20
人造人間キカイダー	81
身長比	120
人類補完計画	20
垂直	121
スーパーX	62
スカイドン	70
スクラムジェット	65
スタンド・バイ・ミー	110
スペシウム光線	58
正義の味方	89
生徒諸君！	50
征服	93
世界征服	132
戦国時代	92
戦隊ヒーロー	126
全裸	94
相似拡大	120
相似比	120
増大率	126
装着	123
速度と時間	127
空にそびえる鉄の城	11

157

空の食欲魔人 ······ 54
空の大怪獣ラドン ······ 60

た

ターミネーター ······ 105
タイガージョー推参! ······ 36
タイガーマスク ······ 18
大回転魔球 ······ 18
体　積 ······ 120
大どんでん返し ······ 28
ダイ・ハード ······ 112
台　風 ······ 64
大噴火投げ ······ 18
太平洋 ······ 78
大リーグボール養成ギプス ······ 28
ＴＡＣ ······ 96
立つんだジョー! ······ 35
タバコ ······ 95
ダリー ······ 71
タワーリング・インフェルノ ······ 111
地球パトロール隊 ······ 98
地球か、何もかも皆懐かしい ······ 34
地球防衛軍 ······ 20, 59, 61
地球滅亡の日まで、あと365日 ······ 21
地球連邦政府 ······ 74
チャイナ・シンドローム ······ 107
チャンドラー ······ 69
超音波光線 ······ 13
超獣攻撃隊 ······ 96
超人バロム１ ······ 27
千代田区 ······ 95
月に代わってお仕置きよ ······ 36
角 ······ 87
罪に濡れたふたり ······ 52
釣りキチ三平 ······ 40
ディープ・インパクト ······ 104
帝　国 ······ 90
ディファレーター光線 ······ 68
敵 ······ 86, 89
デス・スター ······ 127
テレスドン ······ 70
東京タワー ······ 83
洞窟壁画 ······ 78
同棲時代 ······ 51
透明怪獣 ······ 9
トゥルーライズ ······ 116
トータル・リコール ······ 105
得意技 ······ 77
ドクター・フー ······ 62

独立戦争 ······ 74
どこでもドア ······ 26
ド根性 ······ 136
ドラえもん ······ 26
努　力 ······ 136

な

ナックル星人 ······ 85
ニール ······ 80
225万光年 ······ 148
ニセウルトラマン ······ 84
二段投げ ······ 19
二度もぶった! ······ 38
２万歳 ······ 78
人間らしさ ······ 128
忍者のさだめ ······ 56
熱　線 ······ 124
ネ　ロ ······ 88

は

剥　製 ······ 148
はじめの一歩 ······ 45
1/8計画 ······ 21
罰　金 ······ 95
バック・トゥ・ザ・フューチャー ······ 102
バッタ ······ 132
ＰＡＴ ······ 98
波動砲 ······ 23
パトラッシュ ······ 88
バトルフランス ······ 77
バビル２世 ······ 11
早く人間になりたい! ······ 37
馬　力 ······ 124
ハリケーン ······ 64
パルプ・フィクション ······ 109
パンドン ······ 70
反射衛星砲 ······ 24
反重力光線 ······ 12
美　学 ······ 136
光あるところ、影がある ······ 56
左腕がピシッと音を立てる ······ 28
必殺技 ······ 134
秘密結社 ······ 132
平　等 ······ 32
漂流教室 ······ 47
比　例 ······ 125
ファイヤーマン ······ 66
フィフス・エレメント ······ 116

フィラデルフィア・エクスペリメント	110
不完全	81
復讐	148
不敵な笑い	89
フラメンコ	77
ブランコ	125
フランスばんざい！	32
振り子の周期	125
プリンスハイネル	87
フルメタル・ジャケット	115
ブレードランナー	111
ブレストファイヤー	65, 124
風呂上がりの夜空に	53
分子構造破壊光線	13
分身の術	25
平方根	125
ペスター	71
ベルサイユのばら	32
変身	10, 92, 94, 123
ホーム・アローン	108
放射能火炎	12
放射能除去装置	22
法隆寺	90
亡霊怪獣	9
僕はジェッター	36
星野鉄郎	100, 146
星飛雄馬	28, 136
ホバー・パイルダー	64
ホワイトベース	63

ま

マーカライト・ファープ	61
マーズ・アタック！	107
前のめりに死にたい	138
魔球	136
マグマ大使	122
負けるとわかっていても	100
マジンガーZ	11, 20, 29, 64, 124
MAC	97
真っ白な灰	82
MAT	96
マトリックス	112
瞬きもせず	53
マモル君	122
見えないスイング	16
みこすり半劇場	46
ミスターX	62
ミステリアン	59
ミッション：インポッシブル	102
三つのしもべ	11
認めたくないものだな	38
みなしごランド	18
ミニスカート	86
峰不二子	87
ムー大陸	78
ムーミン	76
胸	65
無謀	93
名探偵コナン	26
メーサー殺獣光線車	24
滅亡	90
メン・イン・ブラック	106
燃え尽きて	82
モスラ	59
モダン・タイムス	114
モロボシ・ダン	123

やらわ

八つ裂き光輪	14
矢吹丈	82
UGM	98
友情のバロメーター	27
四次元ポケット	27
ライオンハート	113
ライオン丸	92
ライオン丸見参！	36
ライダーキック	121, 134
ライダー変身！	10
ライトスタッフ	106
落馬	80
ラドン	60
ラドン温泉	60
リサイクル	63
良心回路	81
両手ぶらり戦法	19
離陸地点	121
リングにかけろ	49, 66
ルーベンス	88
ルストハリケーン	64
ルパン三世	87
ワンス・アポン・ア・タイム・イン・アメリカ	114

THE　DREAM　ENGLISH　READER

空想英語読本

2003年7月23日　初版第1刷　発行

著者　　Matthew Fargo
　　　　（マッシュー　ファーゴ）

発行者　近藤隆史

発行所　株式会社メディアファクトリー
　　　　〒104-0061　東京都中央区銀座8-4-17
　　　　電話　0570-002-001
　　　　　　　03-5469-4740（編集）

印刷所　サンケイ総合印刷株式会社

乱丁本・落丁本はお取り替えいたします。
本書の内容を無断で複製・複写・放送・データ配信などをすることは、かたくお断りいたします。
定価はカバーに表示してあります。

ISBN 4-8401-0832-3 C0082
©2003　Matthew Fargo ／ Dream Science Laboratory
Printed in Japan